DIE GROSSE FARB- UND TYP-BERATUNG

Sigrid Schmidt
Lange Str. 6

Umschlaggestaltung, Layout und Illustrationen: Christine Paxmann, München
Modezeichnungen: Claudia Engelbrecht
Fotorealisation: Ute Mahler, Berlin
Weitere Fotos: Yvonne Kranz, Christine Paxmann
Styling: Lisa Schädlich
Models: VIVA Modellagentur, Berlin
Make-up und Haare: Dawn Neale
Beratung: Margit Grevenitz
Redaktion: Josef K. Pöllath
Herstellung: Manfred Metzger
DTP/Satz: Tabularasa, München
Druck: Karl Wenschow GmbH, München
Bindung: Conzella, Pfarrkirchen
Printed in Germany

Wir bedanken uns für die Bereitstellung der Parfüms
bei der Drogerie Claudia, München,
und der Firma art deco, Karlsfeld, die das Make-up zur Verfügung stellte,
sowie bei der Firma Ruhnke Optik, Berlin,
die die Brillen stellte.

Gedruckt auf chlor- und säurefreiem Papier

ISBN 3-517-01418-4

Lisa Schneider

Die grosse Farb- und Typberatung

Mode, Muster, Farben, Frisuren,
Make-up, Schmuck, Accessoires
und Düfte für jeden Typ

Südwest

Inhalt

Einleitung

Haben Sie das auch schon mal erlebt? Sie schauen morgens in den Spiegel und blicken in ein abgespanntes, müdes, blasses Gesicht. Sie versuchen mit Make-up zu retten, was zu retten ist, haben aber das sichere Gefühl, daß dieser Tag nicht der Ihre ist.

Sie stehen ratlos vor dem Kleiderschrank, ziehen sich dreimal um, finden aber, daß jeder Versuch das Ganze eher noch schlimmer macht. Die Zeit wird immer knapper, eigentlich müßten Sie schon aus dem Haus sein, aber Ihr Spiegelbild bringt Sie schier zur Verzweiflung.
Woran liegt es, daß man manchmal sein teuerstes Kostüm trägt und trotzdem den Spiegel am liebsten zur Wand drehen möchte, weil man sich so unattraktiv findet? Was ist der Grund für die Schatten unter den Augen, obwohl man am Abend vorher nicht gefeiert hat und der Schlaf eigentlich ausreichen müßte? Warum sieht man manchmal so geschafft aus, ohne daß es dafür einen Anlaß gibt?

Wenn Sie abgespannt und müde aussehen, dann liegt es oft nicht daran, daß Sie schlecht geschlafen haben, sondern daran, daß Sie die falschen Farben gewählt haben.

Ganz klar, sagen die Farbberater. An solchen Tagen tragen Sie die falschen Farben. Farben, die nicht zu Ihnen passen, die die Harmonie Ihres natürlichen Kolorits zerstören, die Sie blaß machen und abgespannt aussehen lassen. Natürlich kann es sein, daß Sie schlecht geschlafen haben. Oder daß Sie an diesem Tag einfach nicht gut drauf sind und sich ohnehin gestreßt fühlen. Aber: Die falsche Farbe macht das Ganze dann noch schlimmer.
Das beste Beispiel ist die Farbe Schwarz. Viele Frauen tragen gerne Schwarz, denn Schwarz wirkt gediegen, aber

Zu den schönsten Farbspielen der Natur gehört ein Regenbogen. In ihm sind alle wichtigen Farben enthalten.

nicht überkandidelt, schwarze Sachen sehen schlicht und zugleich seriös aus. Außerdem ist Schwarz eine Farbe, die man gut mit anderen mixen kann. Das Vertrackte an der Sache: Schwarz steht den meisten nicht. Nur Frauen, die sich einem ganz bestimmten Farbtyp (nämlich dem Winter) zuordnen lassen, können problemlos zu jeder Tageszeit Schwarz tragen. Bei allen anderen gehört Schwarz zu den problematischen Farben, eigentlich zu den Antifarben. Und auf diese Frauen hat Schwarz in etwa den Effekt wie eine lange Nacht. Sie wirken unausgeschlafen, sehen morgens nicht frisch und erholt aus, sondern ziemlich erledigt.

Schwarz gilt auch als erotische Farbe. Wer aber nur Schwarz trägt, ist den Farbpsychologen verdächtig.

Schwarz steht nur wenigen

Als ich vor zwei Jahren eine Farbberaterin kennenlernte, sagte sie mir auf den Kopf zu, daß Schwarz viel zu dunkel für mich sei. Ich reagierte gereizt und genervt, denn sie erwischte mich mit ihrem Farbtip ausgerechnet an einem meiner schlechten Tage. Ich fühlte mich ausgepowert, fand, daß ich furchtbar aussah. Meine Haare hingen schlapp herunter, mein Teint war matt und fad. “Schwarz steht dir nicht”, sagte Erika und ließ sich nicht davon abbringen, daß ich hellere Farben brauche. Also machten wir einen Farbtest. Und jetzt passierte das Verblüffende: In hellen, pastelligen Farben, in kühlem Rosa, Hellblau und Lavendel sah ich plötzlich viel erholter aus. „Du bist eben ein Sommer-Typ”, stellte Erika fest, „verzichte in Zukunft lieber auf Schwarz.”

Warum ich das erzähle? Um Ihnen Mut zu machen, Ihre Farben zu entdecken. Sie werden sehen, in den richtigen Farben sind Sie attraktiver, schöner, besser drauf. Das Buch ist so angelegt, daß Sie Ihren Farbtyp selbst bestimmen können, und zwar mit Hilfe verschiedener Farbtests. Stellen Sie zunächst fest, ob Sie warme oder kalte Farben brauchen, das heißt, ob Sie zur Frühlings/Herbst- oder zur Sommer/Winter-Palette gehören, und tasten Sie sich so an Ihren Farbtyp näher heran. Dann lesen Sie das entsprechende Kapitel, das auf Sie zutrifft: also Frühling, Sommer, Herbst oder Winter. Viel Spaß dabei!

Die Macht der Farben

Farben sind nicht nur ein Fest für die Augen. Sie haben Einfluß auf unser Wohlbefinden, auf unseren Körper und auf unsere Gesundheit. Und sie schmeicheln der Seele.

Die Natur ist voller Farben – Himmelblau, Meergrün, Sonnengelb, Feuerrot, Nachtschwarz, Schneeweiß. Farben in allen Schattierungen und Nuancen sehen wir auf einer blühenden Sommerwiese, im Blumengarten, im Wald, vor allem in tropischen Regenwäldern.

Frühling, Sommer, Herbst und Winter: Jede Jahreszeit hat ihre eigenen Farben.

Auch im Alltag, zu Hause, im Beruf, sind wir ständig und überall von Farben umgeben. Und das ist gut so. Denn wäre die Welt grau in grau, würde unsere Seele verkümmern. Es ist inzwischen bewiesen, daß Farben keinen kaltlassen. Tiere reagieren auf Farben (Insekten fühlen sich zum Beispiel von Gelb angezogen und von Blau abgestoßen), und auch Pflanzen werden von Farben beeinflußt (sie wachsen schneller, sie verändern ihren Geschmack oder – im schlimmsten Fall – gehen ein).

Farben machen gesund

Farbpsychologen und Farbtherapeuten sind heute bereits in der Lage, Krankheiten mit Farben zu heilen. Die Patienten werden mit Farben bestrahlt – und das hilft tatsächlich. Rot zum Beispiel aktiviert das Abwehrsystem, treibt den Blutdruck nach oben, erhöht den Blutzuckergehalt und fördert den Adrenalinausstoß. Blau dagegen beruhigt, der Puls wird langsamer, der Atem ruhiger, der Körper senkt den Adrenalinspiegel. Blau gilt deshalb als ideale Farbe fürs Schlafzim-

mer und als ungeeignet fürs Arbeitszimmer. Orange kurbelt den Kreislauf an, Türkis kühlt, Gelb hält wach.
Goethe, den das Phänomen Farbe zeit seines Lebens fasziniert hat, der sich intensiv mit Farbforschung beschäftigte und seine Ergebnisse in der Farbenlehre für wichtiger hielt als sein literarisches Werk, ordnete Farben bestimmte emotionale Qualitäten zu. Rot steht für eine aufgeregte, Blau für ernste, Grün für sentimentale Stimmung, Gelb stimuliert, Orange ruft lebhafte Gefühle hervor, Violett sehnsüchtige.

Auch die Seele braucht Farben

Farben können gesund, aber auch krank machen. Manche Menschen, die zur sogenannten Winterdepression neigen, werden bei der Behandlung z.B. oft mit weißem Licht bestrahlt.

Ähnliche Einflüsse auf die Seele haben die Farbpsychologen mit modernen wissenschaftlichen Methoden herausgefunden: Rot aktiviert und verursacht Unruhe, Blau hemmt und fördert Zurückhaltung, Grün entspannt.
Farben bestimmen unser Denken und Fühlen. Sie sind Symbole geworden, sie sind Signale, warnen uns, machen fröhlich, traurig, formen und berühren uns. Und das zeigt sich sogar in der Sprache.

Grünliebhaber sehnen sich – wie Farbpsychologen wissen – nach einem ruhigen Leben auf dem Land, sie lieben die Natur und fühlen sich in der Stadt unwohl.

Farben sind Symbole

Weiß. Dies ist die Farbe der Unschuld, der Klarheit. Weiß symbolisiert die Reinheit des Herzens, Jugend, Unverdorbenheit, Unerfahrenheit in der Welt. Wer eine weiße Weste hat, ist fein raus, ein weißes Brautkleid symbolisiert Unschuld und Unberührtheit, weiße Flecken auf der Landkarte Unkenntnis und Unwissenheit. Weiß bedeutet Sauberkeit, in der Werbung blitzt die keimfreie Sauberkeit immer auf schneeweißen Kacheln, Ärzte tragen Weiß, Krankenhäuser waren früher ganz in Weiß gehalten (bis man die negative Wirkung von zuviel Weiß auf die Psyche festgestellt hat). Wohnungen, die hauptsächlich in Weiß eingerichtet sind, wirken kalt und unpersönlich.
Weiß kann aber auch heilen. Menschen, die zu einer sogenannten Winterdepression neigen, werden mit weißem Licht bestrahlt. Die Helligkeit fördert den Ausstoß des Hor-

mons Kortisol, und das wiederum macht wach. Ständige Dunkelheit dagegen läßt uns apathisch und depressiv werden.

Wer sich unwiderstehlich zu Weiß hingezogen fühlt, neigt oft zu Perfektionismus, will vollkommen sein. Diese Menschen sind auf der Suche nach sich selbst. Die völlige Konzentration auf Weiß kann sogar auf eine unreife Persönlichkeit hindeuten, erst die Kombination mit anderen Farben wirkt ausgleichend und läßt die Farbpsychologen auf eine schöpferische, lebendige Persönlichkeit schließen.

Schwarz ist der Gegensatz zu Weiß. Eine Farbe des Geheimnisvollen, der Bosheit, der Trauer, des Todes. Eine schwarze Seele, ein schwarzes Schaf, sich schwarz ärgern, schwarz vor Wut werden, schwarze Messen. Schwarz bedeutet fast immer etwas Negatives, Gefährliches, Unerlaubtes. Daß Schwarz auch als erotische Farbe gilt (schwarze Netzstrümpfe, schwarze Dessous), ist kein Widerspruch. Auch Erotik und Sex haben schließlich für viele den Hauch des Verbotenen, des Abgründigen, des Abweichenden. Schwarz ist die Farbe der Gesetzlosen, in jedem Western trägt der skrupellose Revolverheld Schwarz. Schwarz ist aber auch die Farbe der Existentialisten, der Philosophen, der Kulturschaffenden, aller, die sich intellektuell in Szene setzen. Wer nur Schwarz trägt, ist den Farbpsychologen verdächtig. Solche Menschen wollen beeindrucken, setzen auf Effekte, zeigen aber zugleich, daß sie innere Bedürfnisse unterdrücken.

Viele Menschen greifen beim Einkauf deswegen zu den falschen Farben, weil sie ihre Farbpalette nicht kennen und darüber hinaus von Bekannten und Freunden oft falsch beraten werden.

Bei der Farbe Rot denken viele Menschen an Sexualität. Rot macht Lust, weckt Begierden und fördert die Leidenschaft.

Rot ist die Farbe des Lebens

Rot ist die Farbe, die die stärksten Gefühle auslöst. Die meisten wählen Rot als Lieblingsfarbe. Rot steht für Leben, Vitalität, Stärke, Gesundheit, Sex. Rot bedeutet Gefahr (Signalschilder im Straßenverkehr haben einen hohen Rotanteil), Aggression, Leidenschaft. Man sieht rot vor Wut, man errötet vor Verlegenheit. In der Medizin wirkt rotes Licht positiv bei Patienten mit Windpocken oder Masern. Die Bläschen trocknen leichter aus, die Krankheit hinterläßt auf der Haut keine Narben. Der dänische Arzt Niels Finnen, der für seine

Forschungen mit farbigem Licht 1903 den Nobelpreis für Medizin erhielt, fand heraus, daß Rot die Haut weich und glatt macht. Selbst bei Pockenpatienten wirkte Rot wahre Wunder.
Die Farbe Rot hat eine enge Beziehung zur Sexualität. Manche Farbtherapeuten empfehlen deshalb rote Schlafzimmerlampen. Das macht Lust, weckt Begierden und fördert die Leidenschaft. Selbst bei dem unerfüllten Wunsch nach einem Baby soll rotes Licht weiterhelfen.
Wer Rot liebt und gern und oft trägt, gilt als ein impulsiver, energischer, dynamischer Mensch mit einem leichten Hang zur Aggressivität. Rotfans sind Energiebündel, Menschen, die immer auf dem Sprung sind, Diskussionen und Auseinandersetzungen lieben. Wer Rot trägt, will im Mittelpunkt stehen, signalisiert Optimismus, Power, Leidenschaft. Die Schattenseite: Zuviel Rot bedeutet auch Ungeduld, Streitlust, Egozentrik.

Rosa heißt: Ich brauche Schutz

Sie können fast jede Farbe tragen, egal welcher Farbtyp Sie sind, allerdings kommt es auf die jeweilige Helligkeit, Intensität und die Nuancen der Farben an.

Rosa ist die Farbe der Romantiker. Sie blicken durch eine rosarote Brille, schweben auf rosaroten Wolken. Wer verliebt ist, sieht die Welt in einem rosaroten Licht, denn Rosa symbolisiert Zuneigung, Liebe, Zärtlichkeit. Diese Farbe steht für jugendliche Schwärmerei, auch für ein bißchen Verrücktheit.

Wer verliebt ist, sieht die Welt in einem rosaroten Licht. Rosa ist die Farbe der Romantiker. Sie steht für Liebe und Zärtlichkeit.

Ähnlich wie Blau wirkt Rosa beruhigend. Psychologen in den USA haben festgestellt, daß schwererziehbare, aggressive Kinder merklich ruhiger werden, wenn sie eine kurze Zeit in einem rosa ausgemalten Zimmer verbringen. Selbst gewalttätige Straftäter kühlten merklich ab, wenn sie in eine rosa gestrichene Zelle gebracht wurden. Aber: Nach mehreren Stunden hat Rosa den gegenteiligen Effekt. Die Wut wird wieder größer.

Die Lieblingsfarbe Rosa signalisiert: Ich brauche Schutz, ich will mich sicher fühlen. Diese Menschen gelten als sehr empfindlich, ein bißchen zerbrechlich, zart und sanft. Ihre

starke Seite: Sie setzen sich für andere ein, sind selbstlos, hilfsbereit und offen. Sie vermitteln das Gefühl von großer emotionaler Wärme, können sich gut in andere hineindenken und haben ein großes Harmoniebedürfnis.

Gelb ist eine Schutzfarbe

Gelb ruft widersprüchliche Gefühle hervor. Es spricht den Intellekt an. Gelb assoziiert Neugierde, Logik, Klarheit, Geradlinigkeit. Andererseits lehnen viele Menschen Gelb ab. Für sie ist Gelb eine ungesunde Farbe, ein gelblichgrüner Teint läßt auf Übelkeit, Seekrankheit, Magenschmerzen schließen.
Gelb gilt als Schutzfarbe, Warnlampen an den Autobahnen haben gelbes Licht, Segler tragen häufig gelbe Schutzkleidung, die Franzosen haben gelbe Autoscheinwerfer. Gelb erweckt Aufmerksamkeit, weil es eine sehr helle Farbe ist. Es erregt, stachelt an, macht gute Laune.

Damit Sie sich hinsichtlich Ihres Farbtyps richtig einschätzen können, sollten Sie sich Zeit nehmen und bei den Farbtests auf Ihr spontanes Gefühl, das die jeweilige Farbe in Ihnen auslöst, achten.

Traditionell gilt Gelb als Farbe des Glücks, der Weisheit und der Phantasie. Menschen, die sich zu Gelb hingezogen fühlen, sind offen für Neues, sie denken klar, können gut analysieren und behalten meist einen kühlen Kopf. Lieblingsfarbe Gelb bedeutet: Ich kann überzeugen, ich bin ein Mensch, der zu seiner Meinung steht und sie auch vertritt. Nachteil aller Gelborientierten: Sie neigen zu Wutausbrüchen, regen sich leicht auf, haben eine cholerische Ader. Und sie machen es mit ihrer Ungeduld ihren Mitmenschen oft schwer. Da sie von sich selbst eine hohe Meinung haben, laufen sie leicht Gefahr, sich zu überschätzen und über den Dingen zu schweben. Das bringt ihnen den Vorwurf der Arroganz und Überheblichkeit ein.

Gelb ist die Farbe des Glücks, der Weisheit und der Phantasie. Gelb ist aber auch Schutzfarbe. Auf jeden Fall erweckt Gelb Aufmerksamkeit.

Wer Gelb rigoros ablehnt, neigt nach Ansicht der Farbpsychologen dazu, alles Unangenehme beiseite zu schieben, Probleme unter den Teppich zu kehren. Menschen, die Gelb nicht ausstehen können, haben oft Angst, ihre Gefühle zu ergründen, nach Motiven zu suchen, warum sie das eine tun und das andere lassen.

DIE GROSSE FARB- UND TYP-BERATUNG

Sigrid Schmidt
Lange Str. 6

Umschlaggestaltung, Layout und Illustrationen: Christine Paxmann, München
Modezeichnungen: Claudia Engelbrecht
Fotorealisation: Ute Mahler, Berlin
Weitere Fotos: Yvonne Kranz, Christine Paxmann
Styling: Lisa Schädlich
Models: VIVA Modellagentur, Berlin
Make-up und Haare: Dawn Neale
Beratung: Margit Grevenitz
Redaktion: Josef K. Pöllath
Herstellung: Manfred Metzger
DTP/Satz: Tabularasa, München
Druck: Karl Wenschow GmbH, München
Bindung: Conzella, Pfarrkirchen
Printed in Germany

Wir bedanken uns für die Bereitstellung der Parfüms
bei der Drogerie Claudia, München,
und der Firma art deco, Karlsfeld, die das Make-up zur Verfügung stellte,
sowie bei der Firma Ruhnke Optik, Berlin,
die die Brillen stellte.

Gedruckt auf chlor- und säurefreiem Papier

ISBN 3-517-01418-4

mer und als ungeeignet fürs Arbeitszimmer. Orange kurbelt den Kreislauf an, Türkis kühlt, Gelb hält wach.
Goethe, den das Phänomen Farbe zeit seines Lebens fasziniert hat, der sich intensiv mit Farbforschung beschäftigte und seine Ergebnisse in der Farbenlehre für wichtiger hielt als sein literarisches Werk, ordnete Farben bestimmte emotionale Qualitäten zu. Rot steht für eine aufgeregte, Blau für ernste, Grün für sentimentale Stimmung, Gelb stimuliert, Orange ruft lebhafte Gefühle hervor, Violett sehnsüchtige.

Auch die Seele braucht Farben

Farben können gesund, aber auch krank machen. Manche Menschen, die zur sogenannten Winterdepression neigen, werden bei der Behandlung z.B. oft mit weißem Licht bestrahlt.

Ähnliche Einflüsse auf die Seele haben die Farbpsychologen mit modernen wissenschaftlichen Methoden herausgefunden: Rot aktiviert und verursacht Unruhe, Blau hemmt und fördert Zurückhaltung, Grün entspannt.
Farben bestimmen unser Denken und Fühlen. Sie sind Symbole geworden, sie sind Signale, warnen uns, machen fröhlich, traurig, formen und berühren uns. Und das zeigt sich sogar in der Sprache.

Grünliebhaber sehnen sich – wie Farbpsychologen wissen – nach einem ruhigen Leben auf dem Land, sie lieben die Natur und fühlen sich in der Stadt unwohl.

Farben sind Symbole

Weiß. Dies ist die Farbe der Unschuld, der Klarheit. Weiß symbolisiert die Reinheit des Herzens, Jugend, Unverdorbenheit, Unerfahrenheit in der Welt. Wer eine weiße Weste hat, ist fein raus, ein weißes Brautkleid symbolisiert Unschuld und Unberührtheit, weiße Flecken auf der Landkarte Unkenntnis und Unwissenheit. Weiß bedeutet Sauberkeit, in der Werbung blitzt die keimfreie Sauberkeit immer auf schneeweißen Kacheln, Ärzte tragen Weiß, Krankenhäuser waren früher ganz in Weiß gehalten (bis man die negative Wirkung von zuviel Weiß auf die Psyche festgestellt hat). Wohnungen, die hauptsächlich in Weiß eingerichtet sind, wirken kalt und unpersönlich.
Weiß kann aber auch heilen. Menschen, die zu einer sogenannten Winterdepression neigen, werden mit weißem Licht bestrahlt. Die Helligkeit fördert den Ausstoß des Hor-

mons Kortisol, und das wiederum macht wach. Ständige Dunkelheit dagegen läßt uns apathisch und depressiv werden.

Wer sich unwiderstehlich zu Weiß hingezogen fühlt, neigt oft zu Perfektionismus, will vollkommen sein. Diese Menschen sind auf der Suche nach sich selbst. Die völlige Konzentration auf Weiß kann sogar auf eine unreife Persönlichkeit hindeuten, erst die Kombination mit anderen Farben wirkt ausgleichend und läßt die Farbpsychologen auf eine schöpferische, lebendige Persönlichkeit schließen.

Schwarz ist der Gegensatz zu Weiß. Eine Farbe des Geheimnisvollen, der Bosheit, der Trauer, des Todes. Eine schwarze Seele, ein schwarzes Schaf, sich schwarz ärgern, schwarz vor Wut werden, schwarze Messen. Schwarz bedeutet fast immer etwas Negatives, Gefährliches, Unerlaubtes. Daß Schwarz auch als erotische Farbe gilt (schwarze Netzstrümpfe, schwarze Dessous), ist kein Widerspruch. Auch Erotik und Sex haben schließlich für viele den Hauch des Verbotenen, des Abgründigen, des Abweichenden. Schwarz ist die Farbe der Gesetzlosen, in jedem Western trägt der skrupellose Revolverheld Schwarz. Schwarz ist aber auch die Farbe der Existentialisten, der Philosophen, der Kulturschaffenden, aller, die sich intellektuell in Szene setzen. Wer nur Schwarz trägt, ist den Farbpsychologen verdächtig. Solche Menschen wollen beeindrucken, setzen auf Effekte, zeigen aber zugleich, daß sie innere Bedürfnisse unterdrücken.

Viele Menschen greifen beim Einkauf deswegen zu den falschen Farben, weil sie ihre Farbpalette nicht kennen und darüber hinaus von Bekannten und Freunden oft falsch beraten werden.

Bei der Farbe Rot denken viele Menschen an Sexualität. Rot macht Lust, weckt Begierden und fördert die Leidenschaft.

Rot ist die Farbe des Lebens

Rot ist die Farbe, die die stärksten Gefühle auslöst. Die meisten wählen Rot als Lieblingsfarbe. Rot steht für Leben, Vitalität, Stärke, Gesundheit, Sex. Rot bedeutet Gefahr (Signalschilder im Straßenverkehr haben einen hohen Rotanteil), Aggression, Leidenschaft. Man sieht rot vor Wut, man errötet vor Verlegenheit. In der Medizin wirkt rotes Licht positiv bei Patienten mit Windpocken oder Masern. Die Bläschen trocknen leichter aus, die Krankheit hinterläßt auf der Haut keine Narben. Der dänische Arzt Niels Finnen, der für seine

Forschungen mit farbigem Licht 1903 den Nobelpreis für Medizin erhielt, fand heraus, daß Rot die Haut weich und glatt macht. Selbst bei Pockenpatienten wirkte Rot wahre Wunder.
Die Farbe Rot hat eine enge Beziehung zur Sexualität. Manche Farbtherapeuten empfehlen deshalb rote Schlafzimmerlampen. Das macht Lust, weckt Begierden und fördert die Leidenschaft. Selbst bei dem unerfüllten Wunsch nach einem Baby soll rotes Licht weiterhelfen.
Wer Rot liebt und gern und oft trägt, gilt als ein impulsiver, energischer, dynamischer Mensch mit einem leichten Hang zur Aggressivität. Rotfans sind Energiebündel, Menschen, die immer auf dem Sprung sind, Diskussionen und Auseinandersetzungen lieben. Wer Rot trägt, will im Mittelpunkt stehen, signalisiert Optimismus, Power, Leidenschaft. Die Schattenseite: Zuviel Rot bedeutet auch Ungeduld, Streitlust, Egozentrik.

Rosa heißt: Ich brauche Schutz

Sie können fast jede Farbe tragen, egal welcher Farbtyp Sie sind, allerdings kommt es auf die jeweilige Helligkeit, Intensität und die Nuancen der Farben an.

Rosa ist die Farbe der Romantiker. Sie blicken durch eine rosarote Brille, schweben auf rosaroten Wolken. Wer verliebt ist, sieht die Welt in einem rosaroten Licht, denn Rosa symbolisiert Zuneigung, Liebe, Zärtlichkeit. Diese Farbe steht für jugendliche Schwärmerei, auch für ein bißchen Verrücktheit.

Wer verliebt ist, sieht die Welt in einem rosaroten Licht. Rosa ist die Farbe der Romantiker. Sie steht für Liebe und Zärtlichkeit.

Ähnlich wie Blau wirkt Rosa beruhigend. Psychologen in den USA haben festgestellt, daß schwererziehbare, aggressive Kinder merklich ruhiger werden, wenn sie eine kurze Zeit in einem rosa ausgemalten Zimmer verbringen. Selbst gewalttätige Straftäter kühlten merklich ab, wenn sie in eine rosa gestrichene Zelle gebracht wurden. Aber: Nach mehreren Stunden hat Rosa den gegenteiligen Effekt. Die Wut wird wieder größer.

Die Lieblingsfarbe Rosa signalisiert: Ich brauche Schutz, ich will mich sicher fühlen. Diese Menschen gelten als sehr empfindlich, ein bißchen zerbrechlich, zart und sanft. Ihre

Lisa Schneider

Die große Farb- und Typberatung

Mode, Muster, Farben, Frisuren, Make-up, Schmuck, Accessoires und Düfte für jeden Typ

Südwest

Inhalt

Blau strahlt Ruhe aus

Blau weckt angenehme Empfindungen. Es beruhigt, kühlt, entspannt, besänftigt. Ebenso wie Rot gehört Blau zu den absoluten Lieblingsfarben. Blau steht für Idealismus, Intuition, Stabilität, Ruhe, Tradition. Die Engländer fühlen sich blue, wenn sie traurig sind, wir sind blau, wenn wir zuviel getrunken haben. Wir machen blau, wenn wir uns einen freien Tag erschleichen, wir genießen nach einem angenehmen Wochenende auch noch den blauen Montag. Blau symbolisiert Muße, Laisser-faire, mit sich selbst zufrieden sein.

Menschen, die Blau lieben, gelten als sensibel, anpassungsfähig, treu und liebevoll. Ebenso wie die Farbe selbst strahlen sie Ruhe und Harmonie aus und gehen Streit und Auseinandersetzungen lieber aus dem Weg. Lieblingsfarbe Blau bedeutet Gewissenhaftigkeit, Aufrichtigkeit, Ausgeglichenheit. Wer Blau bevorzugt, wird bei den Farbpsychologen als idealer Teamarbeiter geführt, als ein Mensch, der sehr diszipliniert und kontrolliert arbeitet und vor allem wegen seines ausgeglichenen Wesens geschätzt wird. Ein Hang zu Blau läßt auf Pflichtbewußtsein schließen, auf rationales Handeln. Der Nachteil: Wer auf Blau steht, neigt zur Selbstgerechtigkeit, will andere stets von seiner Meinung überzeugen, versucht, seine Grundsätze mit manchmal regelrecht missionarischem Eifer durchzudrücken. Auch das große Harmoniebedürfnis bringt die Blaufans manchmal in Bedrängnis. Sie können sich nicht durchsetzen, stecken lieber zurück, als einen Konflikt zu riskieren.

Ein Hang zu Blau läßt auf Pflichtbewußtsein schließen, aber auch auf ein ausgeprägtes Harmoniebedürfnis.

Für die Farbpsychologen ist klar: Wer Blau liebt, ist sensibel, anpassungsfähig, treu und liebevoll, gewissenhaft, aufrichtig und ausgeglichen.

Grün symbolisiert Frische

Grün ist eine Farbe, die in der Natur in allen Schattierungen vorkommt. Grün wirkt ausgleichend und – ebenso wie Blau – beruhigend. Es ist die Farbe der Hoffnung, der Natürlichkeit, der Jugend, der Frische. Wer noch unerfahren ist, ist ein grüner Junge, ein Greenhorn, ein Grünschnabel. Grün im Gesicht bedeutet, daß einem unwohl ist. „Du siehst ja ganz grün aus" heißt: „Geht's dir nicht gut?"

Wer Grün liebt, gilt als sanft, als geradeheraus und sehr sozial. Es sind Menschen, die gut mit anderen leben können, die sich einfügen in eine Gruppe und selbst nicht im Mittelpunkt stehen wollen. Grünliebhaber sehnen sich oft nach einem ruhigen Leben auf dem Land, sie lieben die Natur und fühlen sich im Asphaltdschungel der Städte unwohl. Sie gelten als bescheiden, zurückhaltend und geduldig, was sie manchmal in die Gefahr bringt, von energischen Mitmenschen über den Haufen gerannt zu werden. Lieblingsfarbe Grün heißt: Ich stehe mit beiden Füßen auf dem Boden. Wer Grün mag, neigt nicht zu heftigen und leidenschaftlichen Gefühlsausbrüchen – im Gegensatz zu Menschen mit Lieblingsfarbe Rot.
Grün in Maßen beruhigt, zuviel Grün macht depressiv. Ein sehr ausgeprägter Hang zu Grün kann auch bedeuten, daß die Welt als feindlich empfunden wird. Es fehlt dann die starke Energie der Farbe Rot.

Orange belebt

Menschen, die auf Braun stehen, sind meist besonders vorsichtig, prinzipientreu und verantwortungsbewußt.

Orange ist eine Farbe, die anregt und immer wieder Gedankenanstöße gibt. Die Farbtherapeuten empfehlen allen, die leicht depressiv und apathisch sind, mehr Orange in ihrer Umgebung zuzulassen. Wer Orange liebt, gilt als gesellig, extravertiert und kameradschaftlich. Leute mit einer Vorliebe für Orange wirken auf andere mitreißend und belebend, sie strömen Kraft und Energie aus und beeindrucken durch ihre positive Ausstrahlung. Ihr Nachteil: Sie können launisch sein, schnell ihre Meinung ändern und gelten manchmal als oberflächlich.

Wer zu einer depressiven Grundstimmung neigt, sollte mehr Orange in sein Leben bringen. Orange steht für Geselligkeit und Kameradschaft.

Violett ist eine ganz starke Farbe. Sie steht für Spiritualität, für Mystik, Magie, aber auch für Leben und Kraft. Violett zieht an oder stößt ab. Es ist die Farbe, die die meisten nicht mögen. Wer sich deutlich zu Violett hingezogen fühlt, fällt bei den Farbpsychologen in die Rubrik „sensibel", „intuitiv", „einfühlsam". Wer viel Violett trägt, zeigt, daß er sich absetzen will von der Masse, er steht zu seinem eigenen Charakter.

Grau ist eine Farbe, die nicht auffallen will. Sie steht für Kompromißbereitschaft, für Balance, für Indifferenz. Grau wirkt auf viele langweilig und belanglos. Es ist eine Farbe, die keine Extreme kennt, die ausgewogen ist und Distanz vermittelt wie eben ein grauer Flanellanzug. Grau tragen Männer und Frauen im Geschäftsalltag, die Farbe signalisiert Seriosität, Kompetenz, Fleiß. Grau als Lieblingsfarbe symbolisiert die Suche nach Ruhe und Ausgeglichenheit.

Braun ist eine solide Farbe. Wer sie bevorzugt, ist in der Regel kein spontaner Mensch, sondern einer, der genau nachdenkt, bevor er handelt. Bodenständig, vorsichtig, prinzipientreu, verantwortungsbewußt – das sind Attribute aller, die Braun zu ihrer Lieblingsfarbe erklären. Auf diese Menschen kann man sich verlassen, sie stehen zu ihren Überzeugungen. Aber: Sie haben Probleme, sich neuen, ungewohnten Situationen anzupassen, sie sind wenig flexibel und können sogar stur sein.

Gold ist natürlich die kostbarste Farbe. Wertvolle Dinge sind immer aus Gold: ein Herz aus Gold, Schweigen ist Gold, alle Schätze sind aus Gold. Bei den Farbpsychologen ist Gold die Farbe der universellen Liebe. Wer Gold zu seiner Lieblingsfarbe wählt, kennt die wahren Werte des Lebens.

Gold ist die Farbe des Herbstes, der Üppigkeit, der Fülle. Gold ist Symbol für Kostbarkeit und Reichtum.

Mit Ocker sollten Sie vorsichtig umgehen und genau prüfen, ob es zu Ihrem Typ paßt.

Check-up: Welcher Farbtyp sind Sie?

Frühling, Sommer, Herbst und Winter – die Jahreszeiten geben die Palette der vier Farbtypen vor. Welche Farben Ihnen am besten stehen, können Sie in diesem Buch selbst herausfinden.

Die Natur mischt die Farben am besten. Im Frühling sind ihre Farben satt und klar, im Sommer pudrig und leicht verwaschen, im Herbst golden und üppig, im Winter eisig und kalt. Daß sich die Farben der vier Jahreszeiten auch auf uns übertragen lassen, daß jeder sich einer der Farbpaletten zuordnen läßt, ist eine Erkenntnis, die im wesentlichen auf die Forschungen und Untersuchungen von Johannes Itten zurückgeht. Itten, ein Schweizer Maler und Kunsttheoretiker und einer der Gründerväter des Bauhauses, beobachtete seine Studenten und fand heraus, daß sie intuitiv Farben wählten, die auch mit ihrem natürlichen Kolorit (Haut, Haare, Augen) harmonierten. Er vertiefte seine Studien und entdeckte, daß sich alle automatisch zu bestimmten Farben hingezogen fühlten. Später kam er zu dem Schluß, daß eben jeder instinktiv wisse, welche Farben ihm am besten stehen, welche Farbpalette ideal zu ihm paßt.

Jeder fühlt sich intuitiv zu seinen Farben hingezogen. Kinder zum Beispiel lieben immer starke Farben.

Die ersten Farbberater machten sich Ittens Erkenntnisse zunutze und dehnten sie auf Mode, Make-up, Haare, Accessoires aus, kurz, auf das gesamte Erscheinungsbild einer Frau (oder eines Mannes, denn auch bei Männern wird Farbberatung bekanntlich immer beliebter).

Im Grunde ist es ganz einfach: Das natürliche Kolorit, der Teint, die Augen- und die Haarfarbe legen eine bestimmte Farbauswahl bereits fest. Rothaarigen Frauen mit einem zarten Pfirsichteint stehen ganz andere Farben als sommersprossigen blonden. Eine fast schwarzhaarige Frau mit in-

tensiven blauen Augen wiederum kann andere Farben tragen als eine zarte goldblonde Schönheit mit braunen Augen. Manche Frauen sehen in warmen, dunklen Farbtönen hinreißend aus, andere kommen in klaren, kühlen Farben am besten zur Geltung. Die Frühlings-Frauen brauchen frische Farben, die Sommer-Frauen kühle Pastelltöne, die Herbst-Frauen satte, erdige Nuancen, die Winter-Frauen kompromißlose, eisige Farben.
Dennoch greifen die meisten Frauen im Laden immer wieder nach den falschen Farben. Der Grund für solche Fehl- und Frustkäufe: Die meisten Frauen (und Männer) kennen ihre Farbpalette nicht und lassen sich von der Mode, vom Partner, von Freundinnen oder von eigenen falschen Vorstellungen Farben diktieren, die nicht zu ihnen passen. Das Ergebnis: Sie verplempern Geld für unsinnige Einkäufe und verdecken einen Großteil ihrer natürlichen Attraktivität. Das Gegenmittel: den eigenen Farbtyp finden und dann gezielt einkaufen.

Kennen Sie Ihre Farben?

Der erste Schritt: Nehmen Sie sich ein paar Minuten Zeit für die folgenden Fragen. Und denken Sie ein Weilchen über Ihr Verhältnis zu Farben nach.

1. Haben Sie eine eindeutige Lieblingsfarbe, zu der Sie sich spontan hingezogen fühlen?
2. Gibt es Farben, die Sie gar nicht mögen?
3. Kommen Ihre Lieblingsfarben auch in Ihrem Kleiderschrank vor?
4. Haben Sie öfter das Gefühl, daß Sie mit einem Stück, das Ihnen im Laden noch gefallen hat, doch einen Fehlkauf getätigt haben?
5. Lassen Sie sich bei der Wahl Ihrer Farben von anderen beeinflussen?
6. Haben Sie manchmal das Gefühl, bestimmte Farben stehen Ihnen besser als andere?
7. Hängen in Ihrem Kleiderschrank Sachen, die Sie schon seit einer Ewigkeit nicht mehr angezogen haben?

8. Zum Thema Make-up: Erkennen Sie mit sicherem Blick, welcher Lippenstift Ihnen steht?
9. Benutzen Sie Make-up nur ungern, weil Sie sich geschminkt nicht mehr wohl fühlen?
10. Ist es Ihnen schon passiert, daß Sie ein Make-up gekauft haben, das für Ihren Teint viel zu dunkel war?
11. Haben Sie manchmal das Gefühl, daß Sie sich zu knallig geschminkt haben?
12. Haben Sie zu Hause eine Lippenstiftpalette in den unterschiedlichsten Farbtönen?
13. Sind Sie mit Ihrer Haarfarbe zufrieden?
14. Probieren Sie öfter Strähnchen oder eine neue Haarfarbe aus?
15. Haben Sie an manchen Tagen, wenn Sie bestimmte Sachen tragen, das Gefühl, blaß und abgespannt auszusehen?

Vermutlich werden Sie jetzt überwiegend mit einem Ja geantwortet haben. Und das heißt: Sie wissen nicht so recht, was optimal zu Ihnen paßt. Sie sind sich beim Einkaufen nicht sicher, Sie leisten sich ab und zu einen Fehl- oder Frustkauf. Sie haben (noch) keinen Blick für Ihre idealen Farben.

Lassen Sie Farben auf sich wirken

Bevor Sie (mit uns gemeinsam) anfangen, nach Ihren idealen Farben zu suchen, nehmen Sie die vier Farbkarten (Sie finden die Farbkarten am Ende des Buches), und sehen Sie sich die unterschiedlichen Farben an. Erkennen Sie, daß die Frühlings- und Herbst-Farben warme Farbtöne sind, die Sommer- und Winter-Farben dagegen kalte Nuancen? Legen Sie deshalb einmal Frühling und Herbst nebeneinander sowie Sommer und Winter. Jetzt erkennen Sie die Unterschiede noch deutlicher. Charakteristisch für den Frühling sind klare, helle, frische Töne mit einem gelblichen Unterton: ein Pfirsichrosa, ein Sonnengelb, ein Apfelgrün, ein Tomatenrot, ein Krokusblau. Der Herbst hat dunklere Farben, die aber ebenso wie im Frühling warm und gelbgolden un-

Charakteristisch für den Frühling sind klare, helle, frische Töne mit einem gelblichen Unterton.

terlegt sind. Dazu gehören zum Beispiel ein erdiges Braun, ein Flaschengrün, ein Bordeauxrot, ein dunkles Orange. Sommer und Winter sind kühle Farben und haben immer einen bläulichen Unterton. Der Sommer ist grundsätzlich pudriger, verwaschener, pastelliger als der Winter. Ganz typisch sind ein Jeansblau, ein Meergrün, ein Himbeerrot, ein helles Rosa. Der Winter zeichnet sich durch ganz klare, eiskalte Farben aus: zum Beispiel durch ein knalliges Pink, ein dunkles Violett, ein schneeiges Weiß oder ein tiefes Schwarz.

Sie sehen, daß jede Palette ihren eigenen Charakter hat. Schwarz und Weiß beispielsweise sind nur in der Winter-Palette enthalten, Orange dagegen kommt weder im Sommer noch im Winter vor. Trotzdem: Sie können (fast) jede Farbe tragen – egal, welcher Farbtyp Sie sind, müssen aber auf Helligkeit, Intensität und Nuancen der Farben achten.
Möglich, daß Sie sich beim bloßen Hinschauen spontan in die warmen, üppigen Farben des Herbstes verlieben, obwohl Ihnen die kalten Winter-Farben viel besser stehen. Oder Ihnen gefällt die Winter-Palette, Sie selbst sind aber ein Frühlings-Typ und sehen in warmen, hellen, klaren Farben toll aus. Legen Sie sich nicht jetzt schon auf bestimmte Farben fest, sondern versuchen Sie die charakteristische Schönheit jeder einzelnen Palette zu erkennen. Lassen Sie sich auf das Farbspiel ein, und begeben Sie sich auf die Spur Ihrer idealen Farben.

Für den Sommer-Typ charakteristisch sind ein Jeansblau, ein Meergrün, ein Himbeerrot oder ein helles Rosa.

Zu welcher Farbe zieht Sie Ihr Gefühl?

Der erste Schritt: Sind Sie ein kalter oder ein warmer Farbtyp? Der Künstler und Farbtheoretiker Johannes Itten war der Meinung, jeder Mensch wisse intuitiv, welche Farben zu ihm passen. Schauen Sie sich die vier Paletten, vor allem auch die einzelnen Farben, immer wieder an, lassen Sie die Farben auf sich wirken. Wohin zieht Sie Ihr Gefühl? In die kühle oder in die warme Richtung? Achten Sie auf die unterschiedlichen Blaunuancen: Tendieren Sie zu Marineblau, Jeansblau, zu dem klaren Blau des Frühlings oder zu Petrol?

Auch bei Rot werden die Unterschiede sehr deutlich: Zieht es Sie intuitiv zu dem intensiven Scharlachrot des Winters, zu dem Himbeerrot des Sommers, zu dem Bordeauxrot des Herbstes oder zum Tomatenrot des Frühlings?

Sie werden jetzt langsam entdecken, ob Ihnen die blaubasierten kühlen Töne oder die gelbbasierten warmen Nuancen mehr zusagen. Gehen Sie in Gedanken Ihre Garderobe durch, und rufen Sie sich in Erinnerung, wie Sie und andere (Freundinnen, Kolleginnen, der Partner) auf bestimmte Kleidungsstücke reagiert haben. Kamen Sie in schneeweißen Sachen besser an als in beigefarbenen? Steht Ihnen Marineblau besser als ein helles Wasserblau? Kommen Sie in Braun gut raus? Können Sie einen goldenen Lurexpulli gut tragen? Wirken Sie in Schwarz eher blaß? Steht Ihnen ein intensives Orange? Wirken Sie in einem pastelligen Rosa farblos und langweilig? Tasten Sie sich langsam mit Farbvergleichen an Ihre mögliche Farbpalette heran. Wichtig ist, daß Sie jetzt erst einmal austesten, ob Sie zu Farben mit blauem oder zu Nuancen mit gelbem Unterton neigen.

Die Farben des Herbst-Typs sind üppig, warm und dunkler als die Farben des Sommer- bzw. Winter-Typs. Sie sind meist gelbgolden untelegt.

Gold oder Silber?

Der nächste Schritt: Steht Ihnen Gold besser als Silber? Wenn Sie diese Frage beantwortet haben, sind Sie auf dem Weg zu Ihrer Farbpalette schon ein großes Stück weiter. Silber ist eine eindeutig kalte Farbe, Gold dagegen eine warme. Denken Sie an Ihren Schmuck. Haben Sie das Gefühl, daß Gold Ihnen mehr schmeichelt als Silber? Oder tragen Sie sowieso ausschließlich Silberschmuck, weil Sie finden, daß dieses Metall besser zu Ihnen paßt? Sie können den Test auch mit einem goldenen und einem silbernen Oberteil aus Lurex, Pailletten oder anderem Material machen. Wenn Sie ein warmer Farbtyp sind, kommt Ihnen Gold entgegen. Silber wird Sie blaß und müde aussehen lassen, Sie fühlen sich instinktiv unwohl, möchten so etwas lieber gar nicht tragen. Bei allen kalten Farbtypen ist es genau umgekehrt. Sie fühlen sich in Silber wohl, haben aber bei Gold das Gefühl, daß diese Farbe Sie geradezu unattraktiv macht.

Der Make-up-Test

Probieren Sie auf der Innenseite Ihres Unterarms eine Make-up-Grundierung aus, die silbrig oder bläulich unterlegt ist, also einen klar zu erkennenden kühlen Ton hat – und zum Vergleich eine Grundierung mit einem warmen, gelblichrosa Unterton. Alle, die zur Sommer- bzw. zur Winter-Palette gehören, werden mit einem warmen Make-up-Ton Probleme bekommen. Da ihre Haut einen bläulichen Unterton hat, harmoniert sie nicht mit der Make-up-Grundierung. Ergebnis: Das Make-up läßt sich schlecht verreiben, zieht nicht gut ein, man erkennt die Übergänge zwischen geschminkter und nicht geschminkter Haut auf den ersten Blick. Das Make-up wirkt unnatürlich, überschminkt, wie eine künstliche Marzipanschicht. Völlig anders fällt dieser Test bei allen aus, die ein Frühlings- oder Herbst-Typ sind. Ihre Haut hat einen gelblichen Unterton, die Grundierung paßt zu ihnen. Das Make-up läßt sich gut verreiben, zieht schnell ein, es schmiert nicht.

Probiert ein Frühlings- oder Herbst-Typ dagegen ein bläulich unterlegtes Make-up aus, wird der Unterschied sofort zu sehen sein. Der kühle Ton der Grundierung macht den Teint blaß, fast ein bißchen kränklich. Das Make-up läßt sich schlecht verreiben, will sich der Haut nicht übergangslos anpassen.

Wenn Sie Spaß am Testen gefunden haben, zum Schluß noch ein kleiner Check-up. Suchen Sie sich verschiedene Lippenstifte aus, im Grunde reichen sogar schon zwei – am besten einen, der stark ins Orange tendiert, und einen, der einen bläulichvioletten Ton hat. Probieren Sie beide Lippenstifte hintereinander aus. Sollten Sie ein Sommer- oder Winter-Typ sein, werden Sie mit dem orangefarbenen Lippenstift garantiert nicht ideal aussehen. Der bläuliche Ton wird Ihnen wesentlich besser stehen. Bei den Frühlings- und Herbst-Typen verhält es sich genau andersrum.

Mittlerweile sind Sie auf der Suche nach Ihren idealen Farben ein gutes Stück vorangekommen. Sie wissen (oder ahnen es zumindest), daß Sie ein kalter bzw. ein warmer Farbtyp sind. Jetzt kommt es darauf an, Ihre Farbe näher zu bestimmen. Und dabei helfen Ihnen die nächsten Kapitel.

Charakteristisch für den Winter-Typ sind klare, kräftige, ja kalte Farben, z.B. ein knalliges Pink, ein dunkles Violett, ein schneeiges Weiß oder ein tiefes Schwarz.

Einer Frühlings-Frau stehen am besten helle, klare Farben, die richtig schön leuchten dürfen. Denken Sie an einen sonnigen Frühlingstag: an das satte, frische Grün der Bäume, an das intensive Gelb der Narzissen, an das warme Blau der Krokusse. Ein Frühlings-Typ sollte deshalb immer auf lichte Farbtöne achten – und alle verwaschenen Farben meiden.

Der Frühlings-Typ

So sieht ein Frühlings-Typ aus

Die meisten Frauen, die dem Frühling zugeordnet werden können, sind blond, und zwar in allen Nuancen von Flachsblond bis Rotblond. Frühlings-Frauen wirken zart und zerbrechlich, sie haben eine sanfte Ausstrahlung und machen immer – ganz unabhängig von ihrer Größe oder ihrem Körpergewicht – einen leicht fragilen Eindruck.
Ganz auffällig: Sie haben einen besonders zarten Teint mit einem goldenen Unterton. Viele Frühlings-Typen neigen zu Sommersprossen, haben leicht rote Wangen, und es passiert ihnen häufiger als anderen Frauen, daß sie spontan erröten.

Einige Frühlings-Frauen sind von der Natur besonders beschenkt worden: Sie haben einen sogenannten Pfirsichteint, eine helle, klare Haut ohne auch nur die Andeutung einer Unreinheit oder einer Irritation. Frühlings-Frauen wirken immer frisch, was an ihrer meist elfenbeinfarbenen Haut liegt. Ebenso wie ein schöner Frühlingstag machen sie einen sonnigen, fast einen sonnendurchfluteten Eindruck.
Manche Frauen, die zwar eindeutig ein Frühlings-Typ sind, aber eine leicht rosafarbene Haut haben, werden anfangs oft mit einem Sommer-Typ verwechselt. Der Irrtum klärt sich jedoch spätestens beim Farbtest auf, denn Frühlings-Frauen sehen in verwaschenen Farben, die dem Sommer-Typ am besten stehen, fad und blaß aus. Dennoch fühlen sich viele Frühlings-Frauen zu den pastelligen Farben des Sommers hingezogen. Überhaupt tun sich die meisten Frühlings-Frauen bei der Auswahl ihrer Farben schwer. Sie wirken unentschlossen, tragen in vielen Fällen die falschen

Ein zartes, aber klares Pfirsichrosa steht einer Frühlings-Frau sehr gut. Die Farbe harmoniert mit Annas blonden Haaren und ihrer fragilen Ausstrahlung. Starke Farben dagegen passen nicht zu einer Frühlings-Frau. Halten Sie sich beim Einkaufen an die Palette des Frühlings – und konzentrieren Sie sich auf frische, lichte, leuchtende Töne.

Farben und liebäugeln gern mit Nuancen, die ihre natürliche Schönheit nicht fördern.

Charakteristisch für Frühlings-Frauen sind ihre blonden, oft sehr feinen Haare. Schon als Kind fallen sie durch ihren strohblonden, gelbblonden, flachsblonden oder honigfarbenen Haarton auf. Im Gegensatz zu vielen Sommer-Frauen dunkeln Frühlings-Typen im Erwachsenenalter nur wenig nach. Auf jeden Fall behalten sie einen goldenen Haarschimmer. Und ihr Haar hat auch keinen aschigen Ton, über den sich die meisten Sommer-Frauen ärgern. Aber: So typisch die blonden Haare auch sind, es gibt durchaus dunkelhaarige Frühlings-Frauen – wenn auch so gut wie nie schwarzhaarige – und manchmal sogar rothaarige. Die fran-

Test: Die Checkliste für den Frühlings-Typ

Lesen Sie sich die folgenden Fragen genau durch, und kreuzen Sie alle Merkmale, die auf Sie zutreffen, an.

1. *Hat Ihre Haut einen leicht goldigen Schimmer?* ☐
2. *Liegt auf Ihren Wangen oft ein zarter Pfirsichton?* ☐
3. *Ist Ihnen aufgefallen, ob Sie häufig rote Fingerknöchel haben?* ☐
4. *Erröten Sie leicht?* ☐
5. *Haben Sie einen warmen, rosigen Teint?* ☐
6. *Sind Sie schon als Kind blond gewesen?* ☐
7. *Ist Ihr Haar flachs-, gelb-, gold- oder honigblond?* ☐
8. *Hat Ihr Haar einen warmen, goldenen Glanz?* ☐
9. *Wenn Sie braunes Haar haben: Ähnelt es dem Braun der Kastanie?* ☐
10. *Wenn Sie rotes Haar haben: Ist es ein warmes Tizian- oder Kupferrot?* ☐
11. *Haben Sie Sommersprossen?* ☐
12. *Sind Ihre Augen blau und mit winzigen weißen Pünktchen durchsetzt?* ☐
13. *Haben Ihre Augen einen grünlichen Schimmer?* ☐
14. *Entdecken Sie an der Außenseite Ihrer Pupille einen zarten Rand?* ☐
15. *Falls Sie braune Augen haben: Handelt es sich um einen warmen Ton mit goldfarbenen Schattierungen?* ☐

Anna ohne Make-up. Gut zu erkennen ist ihr schöner, zarter Teint. Die Farben einer Frühlings-Frau sind zurückhaltend, aber frisch. Anna hat die für eine Frühlings-Frau typischen goldschimmernden Haare, eine sehr helle Haut und klare, blaue Augen.

Frühlings-Frauen haben oft blaue Augen. Besonderes Kennzeichen: Die Augen wirken klar und durchscheinend.

zösische Schauspielerin Isabelle Huppert – sommersprossig und rotblond – soll beispielsweise ein Frühlings-Typ sein, ebenso wie Amerikas Sexsymbol Marilyn Monroe, die ja von Natur aus brünett war.

Die Farbpalette der Augen reicht von Blau bis Grün. Kleine Pünktchen, Fleckchen und Strahlen in der Iris lassen die Augen wie einen Stern leuchten. Häufig sind die Augen wasserblau oder petrolfarben, in seltenen Fällen aber auch von einem warmen Goldbraun. Die Augen wirken klar und besonders bei blauen Augen durchscheinend wie Glas. Oft hat die Pupille einen gut zu erkennenden Rand – goldfarben oder auch goldbraun.

Testen Sie: Können Sie die Fragen der Checkliste auf Seite 32 überwiegend zustimmend beantworten? Wenn ja, könnten Sie tatsächlich ein Frühlings-Typ sein. Haut, Haare und Augen scheinen jedenfalls darauf hinzudeuten.

Der nächste Schritt: Tasten Sie sich langsam an Ihre idealen Farben heran.

Die idealen Farben für den Frühlings-Typ

Eine Frühlings-Frau braucht warme Farben, die aber immer frisch wirken sollten. Am schönsten sind helle, klare Töne. Die zarte Schönheit der Frühlings-Frauen wird durch dunkle, starke Farben erdrückt.

Frühlings-Frauen können zwischen vielen Blauschattierungen wählen. Ihnen steht helles Wasserblau, aber auch ein dunkleres Krokus- oder Kornblumenblau. Vorsicht bei Marineblau. Diese Farbe ist zu dunkel.

Frühlings-Frauen haben es beim Einkaufen nicht unbedingt leicht. Ihre Farben fallen oft erst auf den zweiten Blick auf, was daran liegt, daß die lichten Töne im Regal oder auf dem Kleiderständer von knalligen Farben überdeckt werden. Doch wer seine idealen Farben kennt, bummelt mit geschultem Blick durch die Geschäfte – und greift automatisch zur richtigen Farbpalette.

Denken Sie an einen sonnigen Tag im Mai – dann haben Sie die Farben für eine Frühlings-Frau am ehesten vor Augen. Die Natur ist lichtdurchflutet, die Wiesen leuchten in diesem typischen Grün der ersten warmen Tage im Jahr, die den Sommer ahnen lassen. Die Bäume haben gerade begonnen, ihre Blätter aus den Knospen zu falten, und nur jetzt entdeckt man das saftige, klare Grün der Natur im Frühling. Es blühen Krokusse, Maiglöckchen, Narzissen und Tulpen – und jede Blume will durch ihre klaren Farben die letzten grauen Wintertage vertreiben.

Orange und Apricot gehören zu den Farben, an die sich viele Frauen nicht herantrauen. Nur Mut: Frühlings-Frauen können beide Töne gut tragen.

Alle pastelligen Töne – wie sie die Sommer-Frau braucht – sollten Frühlings-Frauen meiden. Ihnen stehen die hellen, unverfälschten Farben, die keine Kompromisse erlauben. Oberstes Gebot bei der Farbauswahl: keine allzu dunklen Töne. Die Farben müssen warm sein, aber im Gegensatz zur Herbst-Frau braucht ein Frühlings-Typ lichte, lebendige Nuancen.
Wenn es einer Frühlings-Frau gelingt, ihre idealen Farben zusammenzustellen, sieht sie lebhaft und frisch aus, die Augen strahlen, und die Haut wirkt zart und durchscheinend.

Das sind Ihre Farben:

Weiß

Ein strahlendes Weiß, wie es der Winter-Typ geradezu ideal tragen kann, steht Ihnen nicht. Schön ist ein cremiges Weiß, ein Wollweiß, ein Eierschalenton oder Elfenbein, auf jeden Fall jedoch ein gebrochenes Weiß.

Beige und Braun

Eine Frühlings-Frau kann jeden Beigeton tragen. An ihr wirkt ein helles Beige ebenso gut wie Camel oder ein dunkleres Beige, das schon leicht in die Braunpalette reicht. Denken Sie an hellen, feinen Sand, an Karamelbonbons, an ganz helle Mousse au chocolat – dann haben Sie den Beige- und Braunton, der Ihnen am besten steht. Frühlings-Typen können Braun tragen, aber es darf nicht zu dunkel sein. Eine sahnige Milchschokolade (mit viel Milch) ist noch erlaubt, Kaffeebraun ist bereits zu dunkel.

Gold

Während Sommer- und Winter-Typen Gold gar nicht tragen können, sehen Frühlings-Frauen in warmen Goldtönen wunderschön aus. Gut ist ein richtig sattes Honiggold, aber auch ein helleres gelbes Gold paßt ideal.

Rot

Alle bläulichen Rottöne sollten Sie meiden; diese Nuancen passen nicht zu einer Frühlings-Frau. Ihnen steht ein leuchtendes, klares Rot: Korallenrot, Tomatenrot, Paprikarot. Aber auch Orangetöne kann eine Frühlings-Frau tragen, angefangen von einem ganz hellen Orange bis hin zu einem ganz zarten Apricot. Achten Sie bei Rot und Orange darauf, daß die Farbpalette nicht zu dunkel wird – und vor allem nicht zu kühl. Frühlings-Frauen brauchen immer warme Farben.

Rosa

Besonders schön ist Lachsrosa oder Flamingorosa. Diese Farben sind hell und licht und unterstreichen den Elfenbeinton des Teints. Ideal ist auch ein zarter, heller Pfirsichton.

Gelb

Ein sonniges Gelb paßt immer, schön ist auch ein warmes Maisgelb oder Goldgelb. Denken Sie an Narzissen – dieses Gelb steht Ihnen ganz hervorragend.

Blau

Vorsicht bei Blau, da greifen viele zum falschen Farbton. Schön ist ein helles Wasserblau oder ein zartes Marineblau. Achten Sie darauf, daß die Blautöne nicht zu dunkel sind – vor allem bei Marine. Ein dunkles Blau läßt Sie leicht etwas älter erscheinen. Auch bei Blau dürfen Sie sich ruhig an Blumen orientieren. Krokusblau, aber sogar Kornblumenblau sind Töne, die zu Ihnen passen. Ihnen schmeicheln auch alle Nuancen in Richtung Türkis, Petrol, Aquamarin.

Grün

Hier haben Frühlings-Frauen die Wahl: Lindgrün, Apfelgrün, Grasgrün, Maigrün, Gelbgrün. Wichtig ist, daß das Grün sonnig wirkt, also viel Gelb mitbringt. Dunkles Tannengrün oder intensives Flaschengrün ist für Frühlings-Frauen tabu. Es macht sie blaß und läßt ihren Teint müde und abgespannt wirken.

Pink

Hände weg von dieser Farbe! Pink steht Frühlings-Frauen gar nicht. Ein leuchtendes, knalliges Pink ist den Winter-Frauen vorbehalten, ein helles Pink dürfen Sommer-Frauen tragen.

Lila

Schön ist ein warmes Mauve, aber das möglichst hell. Ein dunkles Violett wirkt an einer Frühlings-Frau oft zu schwer und zu intensiv.

Gelb steht Ihnen! Aber achten Sie beim Einkaufen darauf, daß das Gelb sonnendurchflutet wirkt. Ein kühles Zitronengelb zum Beispiel ist nichts für Frühlings-Frauen.

Farbtest: So finden Sie Ihre Frühlings-Palette

Sie kennen jetzt zwar die idealen Frühlings-Farben und sind die Checkliste des Frühlings-Typs durchgegangen, doch ob Sie wirklich eine Frühlings-Frau sind, zeigt Ihnen erst ein sorgfältiger Farbtest.

Sie brauchen Stoffteile, Tücher, Schals oder auch Handtücher in den Farbabstufungen des Frühlings, das heißt helle, klare Farben in verschiedenen Blau-, Rot-, Gelb- oder Grünabstufungen, außerdem ein schwarzes und ein weißes Tuch sowie Stoffteile in Nuancen, die eigentlich nicht zu einer Frühlings-Frau passen.

Wichtig ist schattenloses Licht, deshalb sollten Sie den Test am besten an einem Nordfenster machen. Schminken Sie sich vor dem Farbtest ab, falls Sie getöntes oder gefärbtes Haar haben, binden Sie es straff nach hinten.
Tragen Sie bei dem Test keine farbintensive Kleidung, sondern am besten ein neutrales T-Shirt oder nur einen BH. Lassen Sie sich beim Farbtest Zeit, Sie brauchen eine Weile, bis Sie sich „eingesehen" haben.

Ein warmes Goldbraun schmeichelt Ihnen

Beginnen Sie Ihren Farbtest mit verschiedenen Brauntönen. Legen Sie sich ein Tuch in einem warmen Goldbraun um die Schultern, und lassen Sie die Farbe eine Zeitlang auf sich wirken. Wenn Sie eine Frühlings-Frau sind, schmeichelt diese Farbe Ihrem Gesicht – und das ist auch klar zu erkennen. Ihr Teint wirkt jetzt hell und klar, Ihre Augen sehen wach aus, und Ihr ganzes Gesicht macht einen geradezu erholten Eindruck.

Ein kühles Braun paßt nicht zu Ihnen

Suchen Sie sich jetzt einen rosa unterlegten Braunton, und beobachten Sie die Wirkung. Rosige Brauntöne gehören zu den kühlen Farben, als Frühlings-Frau reagieren Sie darauf eher negativ.

Auch Camel gehört zu Ihren Farben

Wenn Sie ein schwarzes Tuch um Ihre Schultern drapieren, werden Sie sehen, daß Schwarz nicht Ihre Farbe ist. Eine Frühlings-Frau macht um Schwarz besser einen großen Bogen. Denn Schwarz verdeckt ihre zerbrechliche Schönheit, läßt Fältchen und kleine Unebenheiten stärker und damit leider sichtbarer hervortreten.

Wechseln Sie zu einem goldenen Camel – diese Farbe müßte Ihnen optimal stehen. Ein Kakaobraun dagegen steht einer Sommer-, aber keiner Frühlings-Frau. Probieren Sie es aus!

Probieren Sie ein Tomatenrot: Es steht Ihnen

Gehen Sie jetzt zu der Rotpalette über. Suchen Sie sich ein klares Rot, vielleicht am ehesten mit dem Rot von Tomaten vergleichbar. Achten Sie bei der Auswahl darauf, daß der Ton keinen Blaustich enthält. Legen Sie alle Farben, die an Himbeeren oder reife Sauerkirschen erinnern, erst einmal beiseite. Das helle, pure Rot müßte Ihnen gut stehen. Lassen Sie es ein paar Minuten auf sich wirken, dann sehen Sie die Veränderungen. Ihr Spiegelbild müßte Ihnen jetzt sagen: In dieser Farbe fühle ich mich wohl, und das sieht man mir auch an.
Der nächste Schritt: Halten Sie sich ein Rot an, das nicht zu Ihnen paßt, also ein Rot mit einem blaustichigen Ton. Mittlerweile ist vermutlich Ihr Auge so auf die Wirkung der klaren, warmen Farben geschult, daß Sie die Auswirkungen schon nach ganz kurzer Zeit entdecken. Ein blaustichiges Rot ist kühl und nimmt Ihrem Teint automatisch das warme

Die dunkleren Nuancen der Frühlingspalette. Ganz zarte Blondinen können diese Farben nicht tragen, etwas herbere Frühlings-Frauen sehen in den leuchtenden, kompromißlosen Tönen hinreißend aus. Grün und Lavendel – eine gewagte Kombination, aber wer's tragen kann, fällt positiv auf.

Leuchten, unterdrückt den Glanz in Ihren Augen und macht Sie blaß und abgespannt.

Testen Sie – wenn Sie entsprechende Tücher und Stoffe gefunden haben – auch die Rosapalette durch. Lachsrosa ist eine ideale Farbe für Sie. Minuspunkte dagegen sammeln Sie mit einem pastelligen, kühlen Altrosa. Diese Farbe steht zwar einer Sommer-, aber keiner Frühlings-Frau.

Ganz deutlich reagieren Sie auch auf Orangetöne. In einem warmen, schönen Orange oder einem Apricot sehen Sie ungeheuer gut und attraktiv aus. Möglicherweise sind Sie an diesen Farben immer vorbeigegangen – schauen Sie sich die positive Wirkung auf Ihr Gesicht an.

Jeansblau gehört nicht in Ihre Palette

Vielleicht finden Sie in Ihrem Schrank – oder in Ihrem Wäscheschrank – ein Stück Stoff von der Farbe der Kornblu-

men. Als Frühlings-Frau reagieren Sie auf diesen Farbton positiv. Versuchen Sie dagegen ein verwaschenes Jeansblau, dann werden Sie feststellen: Das ist eindeutig nicht meine Farbe. Dasselbe gilt für ein intensives Königsblau. Es ist für Ihre zarte Ausstrahlung viel zu knallig.

Ein richtig schönes kompromißloses Apfelgrün sollte Ihre Schönheit eigentlich zum Strahlen bringen. Achten Sie auf Ihre Haut und auf Ihre Augen – der Teint scheint fast zarter zu werden, Ihre Augen fangen zu leuchten an.
Die gegensätzliche Wirkung erzielen Sie mit einem dunklen Flaschengrün, dem zu allem Überfluß auch noch eine Nuance Blau beigemixt ist.

Ein warmes Gelb macht Sie schön

Wenn Sie die Gelbpalette durchtesten wollen, beginnen Sie am besten mit einem warmen, sonnigen Gelbton. Denken Sie an Sonnenblumen, an Löwenzahn oder auch sattgelbe Dotterblumen. Gelb ist eine schwierige Farbe, was sich auch an der Mode zeigt. Viele Designer machen um gelbe Stoffe einen Bogen, konzentrieren sich lieber auf Schwarz oder Rot. Ein warmes Gelb bringt jedoch die Vorteile einer Frühlings-Frau geradezu ideal heraus.

Nur als Aha-Effekt sollten Sie jetzt auch mal ein reines, strahlendes Weiß ausprobieren. Sie werden sehen, daß diese Farbe zu hart und zu kalt für Sie ist. Achten Sie auf Fältchen in Ihren Augenwinkeln oder auf harte Linien rechts und links neben Ihrem Mund. Weiß verstärkt diese Konturen, macht Sie fahl und läßt Sie zu allem Überfluß ein paar Jährchen älter wirken.

Ihnen steht Creme besser als Weiß

Greifen Sie zum Gegenbeweis noch einmal zu einem sanften Cremeton. Merken Sie den Unterschied? Diese Farbe steht Ihnen wesentlich besser.

Schwarz macht Sie blaß

Schwarz ist eindeutig nicht Ihre Farbe, das werden Sie beim Farbtest jetzt selbst entdecken. Beobachten Sie Ihre Augen – sie wirken müde, sie verlieren an Leuchtkraft.
Falls Sie zu den Frauen gehören, die Schwarz nun mal für ihr Leben gern tragen, bleiben Sie dieser Leidenschaft ruhig treu. Aber denken Sie daran, daß Sie in Schwarz immer etwas blasser und sogar ein wenig langweiliger aussehen als in den klassischen Frühlings-Farben.

Achten Sie auf die Helligkeit der Farben

Hat Ihnen der Farbtest Spaß gemacht? Sie können (und sollten) nach Lust und Laune so viele Nuancen wie möglich austesten. Auf diese Weise bekommen Sie einen guten Blick dafür, was Ihnen wirklich steht und in welchen Farben Sie am besten aussehen. Achten Sie auch auf den Helligkeitsgrad der Farben. Wenn Sie eine sehr helle Frühlings-Frau mit feinen strohblonden Haaren sind, stehen Ihnen höchstwahrscheinlich die ganz zarten Farbabstufungen besser als die dunkleren. Als dunkelblonde oder sogar brünette Frühlings-Frau sind Sie mit den etwas kräftigeren Farbnuancen gut beraten. Hören Sie auf Ihre innere Stimme: Sie fühlen sich in Sachen, die nicht Ihrer Farbpalette entsprechen, intuitiv unwohl.

Ein Blick in Ihren Kleiderschrank zeigt Ihnen, ob Sie auch früher schon das richtige Händchen für Ihre Farben hatten. Sollte das nicht der Fall sein (und das ist im Prinzip die Regel), bedeutet das noch lange nicht, daß Sie Ihr schwarzes Lieblingskostüm oder das purpurrote Abendkleid jetzt in die Altkleidersammlung geben müssen. Stellen Sie Ihre Garderobe peu à peu um, aber behalten Sie Ihre Lieblingsstücke. Es kommt schließlich auch darauf an, daß Sie sich in der Mode, die Sie tragen, rundum wohl fühlen.
Für den nächsten Einkaufsbummel sind Sie jedenfalls bestens gerüstet: mit einem Farbpaß in Ihren Frühlings-Farben, den wir exklusiv für Sie vorbereitet haben.

Frühlings-Frauen: immer auf dem Sprung

Hell, klar, natürlich – das sind die Farben der Frühlings-Frau. Und so wirkt auch ihre ganze Persönlichkeit. Frühlings-Typen strahlen Lebhaftigkeit und Frische aus.

Die Farben symbolisieren zwar nicht den Charakter jeder Frühlings-Frau, aber ein paar Dinge sagen sie doch über den Typ aus. Ganz klar: Keine Frühlings-Frau ist wie die andere, dennoch sind einige Merkmale allen gemeinsam.

Frühlings-Frauen sind dafür bekannt, daß sie ihre Meinung offen sagen. Sie gelten als aufrichtig und objektiv.

Menschen, die dem Frühling zugeordnet werden können, gehören zu den Optimisten. Sie lassen sich nicht so schnell entmutigen und gewinnen selbst negativen Dingen noch eine gute Seite ab.

Frühlings-Frauen wirken in der Regel frisch und klar, sie strahlen Natürlichkeit und – trotz des fragilen Aussehens – eine gewisse Munterkeit aus. Durch die richtigen Farben wird dieser Eindruck noch unterstrichen.

Das Bestechende an einer Frühlings-Frau ist ihre Ehrlichkeit. Lügen, Intrigen im Job, Gemeinheiten – alles das ist ihrem Wesen fremd. Frühlings-Frauen sind offen und geradeheraus. Sie sagen ihre Meinung, gelten als aufrichtig und objektiv.

Nach außen vermitteln manche Frühlings-Frauen den Eindruck, sie seien schüchtern und vielleicht sogar ein bißchen hilflos. Aber das täuscht. Der Frühling ist immer aktiv und kann sich durchsetzen.

Frühlings-Frauen gelten als neugierig, wißbegierig, offen und enthusiastisch. Sie sind leicht zu begeistern und erwecken oft auf den ersten Blick Sympathie.

Frühlings-Menschen wirken sonnig – ganz so wie ihre Farben und ebenso wie der Frühling selbst. Zu Frühlings-Frauen fühlt man sich hingezogen, weil sie einen so unkomplizierten Eindruck machen. Sie sind geradeheraus, kaum mimosenhaft und gelten als überaus fair. Ein Frühlings-Typ ist meist auch ein guter Kumpel, eine Frau, mit der man Pferde stehlen kann. Sie hat nichts Geheimnisvolles, sondern geht ohne Vorbehalte auf ihre Mitmenschen zu. Sie sprudelt vor guten Ideen und hält damit auch nicht hinter dem Berg. Frühlings-Frauen nehmen das Leben von der heiteren Seite. Und das sollte man auch ihrer Mode ansehen.

Neben der Herbst-Frau ist sie der deutlichste Gegenpol zur Winter-Frau: die angenehm-frische Ausstrahlung der Frühlings-Frau gegen die kühle Distanz des Winters.

Die klaren, natürlichen Farben unterstreichen den munteren Charme der Frühlings-Frauen. Einem Frühlings-Typ kann man nicht lange böse sein. Seine Ausstrahlung hat auf die Stimmung eine ähnliche Wirkung wie ein sonniger Tag im Mai: Man kriegt automatisch gute Laune.

Das Bestechende am Frühling ist seine Ehrlichkeit. Frühlings-Frauen fädeln keine Intrigen ein. Im Gegenteil. Sie decken sie auf.

Die richtige Mode für die Frühlings-Frau

In Sachen Mode gilt für Frühlings-Frauen: Die Kleidung sollte den natürlichen, frischen Charme unterstreichen, eine überkandidelte, allzu verspielte Mode kommt nicht in Frage.

In den falschen Farben fühlt man sich intuitiv unwohl. Ein schwarzes Kleid, ein marineblauer Hosenanzug, ein flaschengrüner Blazer – in allen diesen Fällen hat eine Frühlings-Frau einen schlechten Griff getan.

Häufig machen Frühlings-Frauen denselben Fehler: Sie tragen gern Weiß (oder auch Schwarz), greifen im Laden zu Farben, die ihre zarte Schönheit völlig erdrücken. Besonders die spontanen Frustkäufe enden verheerend. Plötzlich besitzt man einen knallig pinkfarbenen Blazer oder einen marineblauen Hosenanzug. In beiden kommt eine Frühlings-Frau nicht besonders gut raus.

Für den zukünftigen Einkauf gilt: Bauen Sie Ihre Garderobe auf ein paar schönen, charakteristischen Frühlings-Farben auf. Stellen Sie Ihre persönliche Mode so zusammen, daß Sie immer gut mixen können. Sinnvoll ist es, die einzelnen Teile geschickt aufeinander abzustimmen. Zu den idealen Frühlings-Farben für die Grundgarderobe gehören zum Beispiel:

- Ein zarter Eierschalenton oder ein warmes, helles Beige
- Camel in allen Nuancen
- Lachsrosa
- Pfirsichgelb
- Ein helles Blau mit einem leichten Grauton.

Wenn Ihnen das zarte Rosa oder ein helles Gelb nicht liegt, sollten Sie Goldbraun oder ein Lapisblau versuchen. Es kommt ganz darauf an, in welchen Farben Sie sich wohler fühlen.

Mixen Sie Ihre Grundfarben zum Beispiel mit:

- Apricot
- Einem hellen Apfelgrün
- Einem warmen Orangerot

Klare, unifarbene Mode steht einer Frühlings-Frau besonders gut. Anna trägt einen schnörkellosen Hosenanzug in einem klaren Apfelgrün. Das wirkt frisch, jugendlich, eben frühlingshaft.

Was Sie in Ihrer Freizeit tragen können

Eine verspielte, mädchenhafte Mode ist nichts für eine Frühlings-Frau. Klare Linien, einfache Schnitte, eine Mode ohne Schnörkel – das schmeichelt den Frühlings-Typen. Wenn es lässig sein soll, sind schlichte Hemdblusen, kombiniert mit Jeans oder gerade geschnittenen Röcken, am schönsten. Wichtig sind die warmen Farben – die Modelinie kann dann ruhig etwas unterkühlt sein.
Rüschen, Jabots und Spitzen sind für Frühlings-Frauen in der Regel zu romantisch. Ein sportlicher Look, unterstützt durch helle, klare Farben, ist für eine Frühlings-Frau wie gemacht. Selbst in einfachen T-Shirts oder Sweatshirts sehen Frühlings-Frauen immer gut aus. Understatement ist gefragt. Lieber ein bißchen weniger als zuviel.

Grosses Foto: Anna in einem schönen, schlichten Hosenanzug. Er ist ideal fürs Büro, sieht aber auch zu feineren Gelegenheiten gut aus. Kleines Foto: Ein sommerliches Strickkleid in Flamingo-rosa. Diese Farbe können eigentlich nur Frühlings-Frauen tragen. Andere sehen darin leicht langweilig und blass aus.

Da Frühlings-Frauen leicht scheu und fragil wirken, kann die Mode Seriosität, Kompetenz und Selbstbewußtsein unterstreichen. Tragen Sie – beispielsweise beim Vorstellungsgespräch – nichts, was Ihre mädchenhafte Ausstrahlung zu sehr betont.

Das können Sie im Büro tragen

Auch hier sollten Sie den klaren, geraden Modeweg gehen. Kostüme, Hosenanzüge, Blazer, kombiniert mit schmaler Hose oder Rock – all das sollte zu Ihrer Grundgarderobe fürs Büro gehören. Die Farben müssen stimmen, aber auch die Linien. Ein bißchen Strenge beim Schnitt schadet der Frühlings-Frau überhaupt nicht. Im Gegenteil. Die kompromißlose klassische Form nimmt den Frühlings-Frauen ein bißchen von ihrer Fragilität und läßt sie selbstbewußter wirken. Gerade im Job hängt viel davon ab, wie Sie sich präsentieren. Unterstreichen Sie deshalb durch eine sportlich-klassische Mode Ihre natürliche Anmut. Verzichten Sie auf alle modischen Verzierungen; je schlichter die Mode, desto edler wirkt sie an Ihnen.

Schöne Sachen für abends

Es ist immer schwer, ein richtig tolles Abendkleid zu finden, das optimal zu einem paßt. Entweder ist das edle Stück unerschwinglich, oder aber Farben und Machart sind zu laut, zu verschwenderisch, zu überladen. Da Frühlings-Frauen in

Beige und gebrochenem Weiß wunderschön aussehen, ist eine kostbare Seidenbluse, die man mit einer Abendhose oder einem langen Rock gut kombinieren kann, immer eine ideale Alternative zum Abend- oder Cocktailkleid. Wenn es aber doch ein Kleid sein soll: Wählen Sie ein möglichst schlichtes Modell, keines mit überdimensionalen Schleifen unterm Busen oder am Po. Als Farbe eignet sich zum Beispiel ein Goldton oder auch das Rot des Klatschmohns. Vorsicht bei Schwarz. Dies ist zwar eine geradezu klassische Farbe für die Abendgarderobe, macht aber Frühlings-Frauen doch zu blaß.

Großes Foto: Seide für den glänzenden Auftritt am Abend. Das satte, warme Maigrün ist eine ungewöhnliche Farbe für ein Abendkleid, sieht an einer Frühlings-Frau aber bezaubernd aus.

Die richtigen Muster

Frühlings-Frauen sind eigentlich der Prototyp für unifarbene Stoffe. Wenn sie Muster mögen, dann heißt die Devise: Möglichst klein und zart.

So klar wie die Farben Ihrer Palette sollten auch die Muster Ihrer Kleidung sein. Frühlings-Frauen brauchen auch hier zarte, helle, fragile Dessins. Knallige, großflächige, wilde Muster stehen ihnen nicht. Schön sind zum Beispiel kleine Blümchenmuster und sogenannte Mille-Fleurs-Dessins. In diesem Fall achten Sie darauf, daß der Schnitt nicht zu romantisch ausfällt. Dem Frühlings-Typ stehen kleine Tupfen, zarte, schmale Streifen oder auch Stoffe mit kleinen Zeichnungen. Wichtig ist, daß die Muster nicht laut, sondern trotz der hellen, klaren Farben zurückhaltend sind.

Denken Sie daran, daß Sie Ihrer Frühlings-Linie treu bleiben, weil Sie Ihrer Erscheinung am ehesten entspricht – selbst wenn Sie ein traumhaftes Sommerkleid entdeckt haben, das ein Muster aus großen dunkelroten Blumen hat. Romantische Sachen sind nicht Ihr Stil.

Das richtige Make-up für den Frühlings-Typ

Das Make-up soll den zarten Teint der Frühlings-Frau unterstreichen und darf deshalb auf keinen Fall zu intensiv, zu grell, zu knallig sein.

Schon ein Quentchen zuviel Schminke läßt eine Frühlings-Frau leicht künstlich wirken. Das, was die Frühlings-Frau so anziehend macht – nämlich der zarte, transparente Teint –, kommt dann nicht mehr zur Geltung. Sie sehen überschminkt und angemalt aus. Bei allen Make-up-Farben gilt für die Frühlings-Frau: Nur warme, sanfte Töne wählen, zarte Roséschattierungen, aber auf keinen Fall bläulich unterlegte Rotnuancen.

Grundierung: am besten pfirsichfarben

Wählen Sie aus der überreichen Make-up-Palette zarte Pfirsichtöne aus. Testen Sie, ob es eine helle gelbliche Nuance oder ein etwas dunkleres Pfirsichrosa sein soll. Achten Sie jedoch darauf, daß der Ton nicht zu dunkel und intensiv wird. Wichtig ist, daß die Make-up-Grundierung durchscheinend wirkt und transparent bleibt.

Kleistern Sie auf keinen Fall Ihren Porzellanteint mit dickem Make-up oder gar einer dunkel getönten Feuchtigkeits- oder Tagescreme zu. Es bleibt Ihnen überlassen, ob Sie ein flüssiges Make-up oder ein Puder-Make-up wählen. Eine zarte flüssige Grundierung in einem hellen, lichten Farbton dürfte Ihnen jedoch am ehesten entgegenkommen. Schauen Sie sich die Grundierung bei Tageslicht an; das

Grosses Foto: Anna mit inem natürlichen, eichten Make-up. Der eint ist ganz zart rundiert, die Augen ind zurückhaltend geschminkt, der Lippentift hat einen warmen otbraunen Ton. Kleines Foto: Wenn er Look etwas auffäliger sein soll, reichen chon ein Hauch mehr arbe und eine etwas erwegenere Frisur.

Kunstlicht im Geschäft verfälscht die Farben. Spaßeshalber sollten Sie mal eine falsche Grundierung ausprobieren. (Vielleicht schenkt Ihnen eine Freundin, die natürlich ein anderer Farbtyp sein sollte, am besten ein Winter- oder Sommer-Typ, einen kleinen Klacks Make-up-Grundierung.) Der Unterschied wird deutlich zu sehen sein. Eine Grundierung in kalten Farbnuancen läßt Sie wie zugegipst wirken. Seltsamerweise wählen selbst Verkäuferinnen in der Parfümerie immer wieder eine falsche Grundierung. Sie erkennen das daran, daß Sie dieser Frau auf den ersten Blick ansehen, wie sehr sie geschminkt ist.

Rouge: am besten ganz zart

Ein dramatisches, geheimnisvolles oder üppig-weibliches Make-up läßt eine Frühlings-Frau unecht und überschminkt wirken. Schön sind alle warmen, hellen, transparenten Farbtöne.

Alle Rougetöne, die in Richtung Pink, Violett, Mauve gehen, kommen für die Frühlings-Frau nicht in Frage. Schön ist ein Pfirsichrosa, ein helles Korallenrot oder ein warmer Roséton. Ein bräunliches Rouge, wie es beispielsweise eine Herbst-Frau tragen kann, wirkt an der Frühlings-Frau zu dunkel. Auch das Rouge sollte sich dem Elfenbeinton des Teints anpassen.

Augen-Make-up: von Goldbraun bis Aquamarin

Diese Farben stehen Ihnen: Lindgrün, Lavendel, Lachsrosa, ein helles Braun wie zarte Milchschokolade, Aquamarin. Tragen Sie die Farben nie zu intensiv auf. Bei Frühlings-Frauen gilt: Weniger ist mehr.

Der größte Fehler, den eine Frühlings-Frau beim Schminken machen kann, ist ein dramatisches Augen-Make-up. Dunkel geschminkte Augenlider, schwarzer Kajal oder ein schwarzer Lidstrich sind geradezu Gift für eine Frühlings-Frau. Ein Winter-Typ mag mit diesem Make-up sinnlich aussehen – ein Frühlings-Typ wirkt lediglich unvorteilhaft.

Ideal als Lidschatten sind alle Töne von einem warmen Goldbraun bis hin zu einem ganz zarten Grün, einem gedämpften Aquamarin oder Petrol. Es hängt vor allem von Ihrer Augenfarbe ab, welchen Lidschatten Sie wählen sollten. Zu braunen Augen passen Braun und Grün, zu blauen Augen Zartblau und Petrol, zu grünen Augen Braun, ein zurückhaltendes Grün oder ein Goldton. Frühlings-Frauen sollten immer ganz kurz mit einem Wattepad über ihr Make-up wischen. Je transparenter die Farben, desto besser die Wirkung.

Frühlings-Frauen dürfen ihre Wimpern farbig tuschen. Was bei anderen leicht zu bunt wirkt, steht ihnen richtig gut: Mascara in Blau, Türkis oder Grün.

Bei der Wimperntusche dürfen Sie phantasievoll sein. Frühlings-Frauen sind in der glücklichen Lage, daß ihnen farbige Wimperntusche besonders gut steht. Ein dezentes Braun, aber auch ein helles Grün läßt ihre Augen strahlen, ohne daß das Make-up zu aufdringlich wirkt. Wenn Frühlings-Frauen mit einem Kajalstift oder einem Lidstrich experimentieren, sollten sie möglichst helle Töne wählen. Elfenbein oder auch ein helles Grün oder Blau kann wunderschön aussehen.

Achten Sie beim Lippenstift darauf, daß er eher einen Orange- oder Braunton hat. Auch ein klares Rot ist erlaubt. Alle blaustichigen Farben lassen eine Frühlings-Frau unvorteilhaft geschminkt erscheinen.

Falsche Wimpern sind nicht unbedingt für Frühlings-Frauen erfunden worden. Die langen, falschen Wimpern wirken zu dramatisch und zerstören den natürlichen Charme einer Frühlings-Frau.

Lippenstift: auf keinen Fall zu dunkel

Als Frühlings-Frau brauchen Sie vor allem warme Rosétöne für Ihre Lippen. Schminken Sie Ihren Mund nicht zu dunkel und vor allem nicht mit blaustichigen Rot- oder Violettönen. Diese Farben sind den Winter- und Sommer-Frauen vorbehalten. Zu dem zurückhaltenden Make-up einer Frühlings-Frau paßt am besten ein Lippenstift in Pfirsichrosa oder aber in einem klaren Rot. Auch ein warmes Orange kann

Finger weg von falschen Wimpern! Sie wirken viel zu dramatisch.

bei einer Frühlings-Frau hinreißend aussehen. Vermeiden Sie alle dunklen Brauntöne, das gilt selbst dann, wenn Sie mit einer satten Urlaubsbräune aus den Ferien kommen. Lip gloss wirkt übrigens an Frühlings-Frauen besonders schön.

Vielleicht macht es Ihnen Spaß, mit Lippenstiftfarben zu experimentieren. Wenn Sie eine zarte Blondine sind, versuchen Sie doch einmal einen hellen, rosafarbenen Lippenstift oder einen in einem hellen Korallenrot. Wie intensiv die Farbnuance sein darf, hängt von Ihrem persönlichen Geschmack, vor allem aber von Ihrem Kolorit ab. Sehr helle Frühlings-Typen wählen besser einen sanften, transparenten Lippenstift, dunklere, etwas herbere Frauen kommen auch mit einem leuchtenden Tomatenrot oder aber mit einem erdigen Braunton gut zurecht. Selbst ein intensives Hummerrot sieht an einer Frühlings-Frau edel und schön aus. Legen Sie nur zum Vergleich einmal ein dunkles Picassorot oder einen Lippenstift, der einen violetten Farbstich hat, auf. Als geübte Farbtesterin sehen Sie jetzt auf Anhieb, warum diese Töne anderen Farbtypen vorbehalten sind.

Schminken Sie Ihren Mund nicht zu intensiv. Je natürlicher das Make-up aussieht, desto besser kommt die Schönheit einer Frühlings-Frau zur Geltung. Schön ist auch ein transparenter Lip gloss.

Die richtige Haarfarbe für den Frühlings-Typ

Natürlichkeit steht auch hier an erster Stelle. Besonders schön: der goldene Schimmer, der für die Haare einer Frühlings-Frau charakteristisch ist.

Es sieht immer schön aus, wenn eine Frühlings-Frau ihre natürliche weibliche Ausstrahlung, das Jugendliche ihres Typs unterstreicht. Wenn die Haare kurz sind, dann darf die Frisur nicht zu sportlich wirken.

Den aschigen Haarton, den viele Sommer-Frauen gern wegtönen oder -färben möchten, haben Frühlings-Typen nicht. Ihr Haar hat von Natur aus einen goldenen Glanz, häufig haben Frühlings-Frauen sogar zarte helle Strähnchen im Haar, ohne daß der Friseur nachhelfen muß.

Wenn Sie Ihr Haar tönen oder färben wollen, achten Sie darauf, daß die künstliche Haarfarbe immer einen warmen Glanz hat. Und: Das Haar darf keinen harten Kontrast zum Gesicht bilden. Der Gesamteindruck von Zartheit und Transparenz sollte unbedingt erhalten bleiben.

Frühlings-Frauen wirken von Natur aus jugendlich; deshalb darf weder der Haarton noch die Frisur zu dramatisch, elegant oder mondän sein. Aus einer Frühlings-Frau wird nun mal keine Femme fatale, sie strahlt vielmehr eine zurückhaltende natürliche Vornehmheit aus. Zum Aufhellen der Haare eignen sich goldblonde Töne bzw. Strähnchen.

Rothaarige Frühlings-Frauen brauchen selten künstliche Nachhilfe. Ihr Haar hat meist von Natur aus den schönsten, warmen kupferroten Schimmer.

Generell gilt: Wenn eine Frühlings-Frau grau wird, hilft der Friseur am Anfang lieber etwas nach. Das erste Grau deshalb entweder blond abdecken oder aber die Haare konsequent in einem schönen warmen Grauton einfärben.

Die Frisur einer Frühlings-Frau ist dann ideal, wenn sie weiblich, aber nicht romantisch wirkt: weiche Wellen, ein Pagenkopf oder ein Kurzhaarschnitt.

Großes Foto: Feine, weiche blonde Haare sind charakteristisch für die Frühlings-Frau. Eine beeindruckende Löwenmähne findet man bei ihr meist nicht, dafür aber sanfte, feminine Wellen. Kleines Foto: Für abends eignen sich große Locken, die mit Gel in Form gebracht werden.

Schmuck und Accessoires

Bei allen modischen Spielereien halten sich Frühlings-Frauen besser etwas zurück. Schon ein Stück zuviel wirkt überladen.

Zarter, kleiner Goldschmuck steht einer Frühlings-Frau am besten.

Zur zarten Schönheit einer Frühlings-Frau passen am besten gelbgoldene Schmuckstücke. Ketten, Armbänder und Ringe aus Gold sind ideal, das Design sollte zart und zurückhaltend sein. Üppiger Messing- und Kupferschmuck, mit dem eine Herbst-Frau phantastisch aussieht, er-

drücken das Fragile einer Frühlings-Frau. Zu ihr passen kleine cremeweiße Perlen, schön sind zum Beispiel Ketten aus winzigen Süßwasserperlen.

Modeschmuck kommt für eine Frühlings-Frau nur in Maßen in Frage: Perlenketten oder auch Goldschmuck, aber immer nur ganz wenige, ausgesuchte schöne Stücke. Silberschmuck steht den Frühlings-Frauen gar nicht, sondern ist den kühlen Farbtypen (Sommer und Winter) vorbehalten.

Gold und cremeweiße Perlen – das ist der ideale Schmuck für Frühlings-Frauen. Üppigen und verspielten Modeschmuck tragen Frühlings-Frauen besser nicht, und wenn, dann nur in Maßen.

Als Grundfarben für Schuhe, Handtaschen und Tücher eignet sich zum Beispiel ein helles, goldenes Braun, ein warmer Beigeton oder Mittelbraun. Wenn Sie bislang hauptsächlich schwarze Schuhe getragen haben, ist das auch keine Katastrophe. Schwarze Schuhe passen zwar nicht optimal zu Ihrer Frühlings-Farben-Mode, wirken sich aber auch nicht negativ auf Ihre frühlingshafte Erscheinung aus – es sei denn, Sie wollen von Kopf bis Fuß perfekt sein. In diesem Fall sind Ihre schwarzen Schuhe tatsächlich nicht geeignet.

Wenn Sie Mut zur Farbe beweisen wollen – wie wäre es mal mit Schuhen in leuchtenden, klaren Farben? Aber: Bleiben Sie in der Frühlings-Palette, und wählen Sie zu intensiv-farbigen Accessoires eine besonders schlichte Mode.

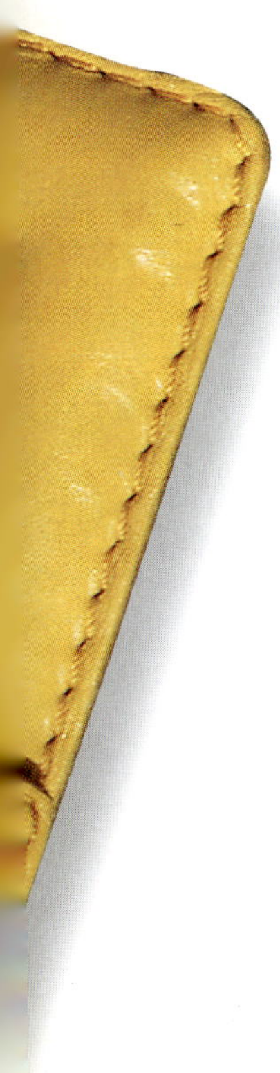

Für Ihre Handtasche wählen Sie am besten ein schönes Hellbraun, als Abendtäschchen beispielsweise ein goldfarbenes.

Tücher können Ihre natürlich-frische Mode zusätzlich aufpeppen, aber greifen Sie nicht zu allzu verspielten Chiffonschals oder zu Tüchern mit wuchtigen Mustern. Übrigens: Frühlings-Frauen stehen auch Krawatten. Das paßt zur klaren, etwas sportlichen Linie.

Die richtige Brille für den Frühlings-Typ

Eine Brille ist ein Blickfang. Doch darf sie auf keinen Fall die zarte Schönheit der Frühlings-Frau erdrücken.

Anna braucht eine Brille, die sich optisch nicht in den Vordergrund drängt, sondern sich dem Gesicht harmonisch anpaßt. Dazu eignen sich am besten transparente Gestelle oder goldfarbene Metallbrillen.

Gleich vorweg: Die richtige Brille zu finden ist immer ein hartes Stück Arbeit und manchmal reine Glückssache. Die Brille muß zum Typ, zur Gesichtsform, zum Haar, zur gesamten Ausstrahlung passen. Eine Brille, die man zudem noch jeden Tag tragen muß, ist viel mehr ein Stück von einem selbst als ein Pullover oder ein Blazer. Um so ärgerlicher, wenn man sich gerade beim Brillenkauf nicht sicher ist oder sich für ein Gestell entscheidet, mit dem man langweilig, unvorteilhaft, brav oder überdreht aussieht. Entscheidend bei der Wahl einer Brille ist natürlich die Form, aber vor allem auch die Farbe. Manche Frauen neigen dazu, sich eine besonders modische Brille auf die Nase zu setzen. Nichts gegen einen Modegag. Aber wenn die Brille zu dominant wird, ist sie für den täglichen Gebrauch sicher nicht geeignet, sondern eher eine witzige Zweit- oder Drittbrille. Für den Frühlings-Typ gilt: Alle transparenten Töne aus der Frühlings-Palette kommen als Brillenfarbe in Frage, zum Beispiel ein zartes Lachsrosa, ein helles Beige, ein ganz zartes Blau, ein hingehauchtes, warmes Gelb. Möglich ist auch ein klares Rot oder aber ein Beigebraun. Die Farbe darf nicht kühl, aber auch nicht zu intensiv sein.

Wenn die Brille gemustert sein soll: Darauf achten, daß das Muster nicht zuviel Schwarz enthält. Schön für Frühlings-Frauen sind Metallbrillen. Sie unterstreichen die Zartheit des Typs, fallen kaum auf und wirken ebenso fragil wie ihre Trägerin. Aber: Nur eine gelbgoldene Metallbrille steht dem Frühlings-Typ.

Gemusterte Brillen sind als modisches Accessoire topaktuell. Aber: Wenn das Muster zu auffällig, zu farbig oder zu dunkel wirkt, erdrückt die Brille die fragile Ausstrahlung einer Frühlings-Frau.

Der richtige Duft für den Frühlings-Typ

Eine Frühlings-Frau braucht einen klaren, leichten, frischen Duft: nicht zu schwer und vor allem nicht zu süß.

Natürlichkeit, Jugendlichkeit, Frische – drei typische Merkmale der Frühlings-Frau. Der Duft, der zu ihr paßt, muß deshalb ebenso fruchtig, grün und frisch wie der Frühling sein. Ein schwerer, sinnlicher Duft wirkt an einer Frühlings-Frau unharmonisch. Ihr Parfüm braucht Zartheit, es reicht, wenn sie von einem Dufthauch umgeben ist.
Ein klassischer Duft, der sich für eine Frühlings-Frau eignet, ist „L`Air du Temps" von Nina Ricci oder „Miss Dior" von Christian Dior.

Beide bringen die nötige Leichtigkeit und Frische mit, die einer Frühlings-Frau schmeicheln. Schön und edel ist auch „Ysatis" von Givenchy oder „Paris" von Yves St. Laurent. Ausdrucksvoll und intensiv, aber für die Frühlings-Frau wunderbar geeignet, duftet „White Linen" von Estée Lauder.

Düfte wie „Opium" von Yves St. Laurent oder „Poison" von Dior passen nicht zur zarten Erscheinung einer Frühlings-Frau. Diese Düfte sind zu schwer, zu sinnlich, zu üppig. Eine Herbst-Frau kommt mit ihnen jedoch wunderbar zurecht.

Zu den idealen Düften für eine Frühlings-Frau gehört beispielsweise auch „Alliage" von Estée Lauder oder „Fidji" von Guy la Roche. Sie gehören zur Familie der leichten, blumigen Noten und haben den großen Vorteil, daß sie tagsüber und abends, im Büro oder in der Oper gleichermaßen gut getragen werden können. Frühlings-Frauen brauchen einen femininen Duft, der aber nicht die sanfte Weiblichkeit des Sommers ausstrahlen darf. Ein Parfüm wie „Chanel No. 5" oder „Rive Gauche" von Yves St. Laurent ist deshalb für Frühlings-Frauen ein bißchen zu blumig und zu romantisch.

Sogar an der Farbe können Sie Ihr Parfüm erkennen: Frühlingsdüfte haben einen hellen, durchsichtigen Ton.

SOMMER-FRAUEN BRAUCHEN KÜHLE, SANFTE FARBEN, ZU IHNEN PASSEN TÖNE UND NUANCEN, DIE LEICHT VERWASCHEN WIRKEN – GANZ SO WIE IN EINER SOMMER-LANDSCHAFT: DIE FARBEN DER NATUR SIND SCHON EIN BISSCHEN MATT, DIE SOMMERSONNE ÜBERZIEHT DAS LAND MIT EINEM PUDRIGEN SCHIMMER.

Der Sommer-Typ

So sieht ein Sommer-Typ aus

Eine Sommer-Frau ist am schönsten in weichen, gedämpften Farben – wie auf einem zarten Aquarell. Die Farben dürfen ruhig verschwimmen, wäßrig wirken. Das schmeichelt dem Sommer-Typ. Für Sommer-Frauen gilt: Keine grellen, schrillen Farben, keine harten Kontraste. Die natürliche Schönheit eines Sommer-Typs kommt durch pastellige Töne am allerbesten zur Geltung.

Die Farbpalette einer Sommer-Frau besteht aus pudrigen, gedämpften Tönen und Nuancen.

Gerade in Mitteleuropa kommt der Sommer-Typ besonders häufig vor. Charakteristisch für Frauen, die dem Sommer zugeordnet werden können, ist ein leicht bläulicher Unterton der Haut (im Gegensatz zum eher goldenen Teint der Frühlings- und Herbst-Typen). Sommer-Frauen können blond oder brünett sein, braune oder auch blaue Augen haben, ihr Teint kann sehr unterschiedlich wirken (manchmal zart und hell, ganz pastellig oder aber auch rosig, weil die Haut stärker durchblutet ist). Viele Sommer-Frauen haben Sommersprossen, die aber (im Unterschied zum Frühlings-Typ) nicht goldbraun, sondern ein bißchen graubraun wirken. Grundsätzlich gilt: Sommer-Frauen können völlig verschiedene Frauen-Typen sein, und doch haben sie dieselbe Farbpalette, die am besten zu ihnen paßt. Die britische Königin Elizabeth II. ist beispielsweise ein Sommer-Typ, ebenso wie die französische Schauspielerin Cathérine Deneuve. Viele Sommer-Frauen lassen sich erst nach einer Reihe von Tests ihrem Farbtyp zuordnen, manche wirken auf den ersten Blick sogar wie ein Winter-Typ – der ja auch die kühlen Farben braucht. Es gibt Sommer-Typen, die in der Sonne sehr schnell braun werden und deren Haut von Natur aus

Ein verwaschenes Jeansblau steht Sommer-Frauen ganz besonders gut. Katja trägt zu klassischen Jeans einen lässigen Blazer – ebenfalls in einem verhangenen Sommer-Blau. Bei allen Blautönen gilt: Sie brauchen einen rauchigen, weichen Unterton.

Auf diesem Foto ist Katja völlig ungeschminkt. Die charakteristischen Merkmale des Sommer-Typs sind an ihr gut zu erkennen: Ihr Haar hat einen leicht aschigen Ton, Ihre Augen sind graublau und etwas verhangen. Aber ihre ganze Ausstrahlung ist sehr weiblich.

einen leichten Olivschimmer hat – diese Frauen halten sich häufig für einen Herbst-Typ und werden manchmal sogar im Farbtest falsch eingeordnet.

Das auffallendste Merkmal der Sommer-Frauen ist der leicht aschige Ton ihres Haars – egal, ob sie blond oder brünett sind. Fast alle Frauen, die zu den Sommer-Typen gehören, sind mit ihrer Haarfarbe nicht zufrieden. Das Blond ist ihnen zu glanzlos, das Braun zu nichtssagend, das Grau zu unscheinbar. Sommer-Frauen experimentieren für ihr Leben gern mit Tönungen und neuen Haarfarben. Sie wünschen sich ihr Haar dunkler oder versuchen es aufzuhellen, geben einen Rotschimmer ins Haar oder lassen sich helle Strähnchen einfärben.

Die meisten Sommer-Frauen waren als Kind blond, ihre Haare sind später – in der Pubertät oder erst im Erwachsenenalter – nachgedunkelt. Aus strohblonden Sommer-Kindern werden aschblonde Frauen, und wer als Kind bereits aschblondes Haar hatte, wird später oft mittel- oder dunkelbraun. Manche Frauen werden sogar in der Sonne rötliche Lichter in ihren Haaren entdecken – was übrigens nicht heißt, daß sie deshalb zu den Herbst-Typen gehören. Auch Sommer-Frauen können von Natur aus einen Rotschimmer im Haar haben.

Wenn eine Sommer-Frau graue Haare bekommt, dann oft relativ früh und in einem weichen Blaugrau.

Auch was die Augenfarbe angeht, lassen sich Sommer-Frauen nicht ganz eindeutig festlegen. Die vorherrschende Augenfarbe der Sommer-Typen ist Blau, aber eine ganze Reihe von Sommer-Frauen hat auch grüne, graue oder haselnußbraune Augen. Charakteristisch für Sommer-Frauen sind sanfte Augen und ein ganz leicht verhangener Blick. Der Grund: Die Iris hat in der Regel keine klare, durchscheinende Farbe, und das Weiß des Auges ist nicht strahlend, sondern eher etwas milchig und cremigweiß.

Keine Frau experimentiert so viel mit ihrem Haar wie der Sommer-Typ. Es wird gefärbt, getönt, es werden Strähnchen und immer wieder neue Frisuren ausprobiert. Doch das Ergebnis läßt ihrer Meinung nach oft zu wünschen übrig.

Test: Die Checkliste für den Sommer-Typ

Lesen Sie sich die folgenden Fragen genau durch, und kreuzen Sie alle Merkmale, die auf Sie zutreffen, an.

1. *Ist Ihre Haut sehr hell und leicht rosig angehaucht?* ☐
2. *Entdecken Sie an Ihren Unterarmen und Handgelenken einen leicht bläulichen Hautton?* ☐
3. *Haben Sie Sommersprossen, die Ihnen graubraun (statt goldbraun) erscheinen?* ☐
4. *Werden Sie in der Sonne leicht braun?* ☐
5. *Haben Sie eher wenig Probleme mit Sonnenbränden?* ☐
6. *Weist Ihre Haut einen leichten Olivton auf?* ☐
7. *Waren Sie als Kind blond?* ☐
8. *Sind Sie mit Ihrer Haarfarbe nicht so recht zufrieden?* ☐
9. *Lassen Sie Ihr Haar öfter tönen oder färben?* ☐
10. *Haben Sie das Gefühl, Ihr Haar sei „mausbraun" oder auch „mausgrau"?* ☐
11. *Falls Sie graue Haare haben: Handelt es sich um einen weichen Grauton (im Gegensatz zum schlohweißen Haar)?* ☐
12. *Sind Ihre Augen ein bißchen verhangen, weil Iris und Augenweiß in keinem klaren Kontrast stehen?* ☐
13. *Falls Sie braune Augen haben: Enthält die Iris zusätzlich einen leichten Blau-, Grau- oder Grünschimmer?* ☐
14. *Falls Sie blaue oder grüne Augen haben: Handelt es sich um einen weichen Farbton?* ☐
15. *Schauen Sie das Weiß Ihres Auges genau an: Ist es ein bißchen cremig oder milchig?* ☐

Wenn Sie diese Checkliste überwiegend mit Ja beantworten konnten, spricht einiges dafür, daß Sie eine Sommer-Frau sind. Die wichtigsten Merkmale treffen auf Sie zu. Ob Sie wirklich zur Sommer-Palette gehören, erfahren Sie im nächsten Kapitel.

Die idealen Farben für den Sommer-Typ

Schön sind alle pudrigen, pastelligen Töne. Verwaschen, verhangen, milchig – so lassen sich die Farben des Sommer-Typs beschreiben.

Vorsicht bei Schwarz und Weiß. Sommer-Frauen wirken durch pechschwarze Sachen leicht ein wenig müde und abgespannt. Dasselbe gilt für strahlendes Weiß. Besser ist ein gebrochener Eierschalenton.

Stellen Sie sich ein Bild von Monet (oder einem anderen Impressionisten) vor: Das Blau ist leicht pudrig wie ein verhangener Himmel, das Rot hat einen bläulichen Unterton (ein bißchen wie eine Himbeere), das Gelb ist ganz zart zitronig, auf keinen Fall warm wie Vanillepudding. Das Grün hat seine leuchtende Frühlingskraft verloren, ist in der Sonne gebleicht, und das Braun wirkt sandig, als wär's ein kleines Stück Wüste.

Verwaschene, verhangene, pudrige, pastellige Farben – das sind die idealen Töne für eine Sommer-Frau. Alle grellen, schrillen, lauten, knalligen Farben wirken an einer Sommer-Frau unharmonisch. Dasselbe gilt übrigens auch für pures Schwarz und reines, schneeiges Weiß. Harte Kontraste bringen an einer Sommer-Frau kleine Schönheitsfehler erst richtig zur Geltung. Weiche Töne dagegen unterstreichen die natürliche Harmonie und retuschieren sogar Fältchen, kleine Unreinheiten und Unregelmäßigkeiten weg. In den richtigen Tönen wirken gerade Sommer-Farben hinreißend schön, strahlend, entspannt, erholt und ungemein attraktiv.

Während die Schönheit einer Winter-Frau erst durch gewagte Kontraste richtig zur Geltung kommt, brauchen Sommer-Frauen vor allem Harmonie.

Das sind Ihre Farben:

Blau

Gedämpft und weich mit grauen Untertönen, ein helles Graublau, zartes Himmelblau, Mittelblau, vor allem Jeansblau (die Sommer-Frau ist übrigens der ideale Jeans-Typ und sieht auch in verwaschenen Jeans immer noch edel aus), rauchiges Dunkelblau. Vermeiden Sie ein intensives Marineblau, Königsblau, Stahlblau, intensives Türkis.

Rot

Ein pudriges Rot mit rosa Untertönen. Denken Sie an die Farbe blühender Azaleen. Rot mit bläulichen Untertönen, Himbeerrot, Fuchsienrot, leicht pudriges Weinrot. Das Rot der Wassermelone geht gerade noch, schön ist der Rotton reifer Sauerkirschen. Vorsicht bei Rottönen, die eine Nähe zu Orange haben. Jedes Rot, dem nicht Blau, sondern Gelb oder Orange beigemischt ist, ist Gift für einen Sommer-Typ. Auch Korallenrot, Tomatenrot, Apfelrot oder Rostrot ist für den Sommer-Typ nicht geeignet.

Rosa und Pink

Ein zartes, weiches Rosa, Hellrosa, aber auch ein wäßriges Rosa stehen einer Sommer-Frau besonders gut. Blonde, sehr helle Sommer-Frauen wirken in Rosa jugendlicher, aristokratisch, nobel. Je dunkler ein Sommer-Typ ist, um so mehr bieten sich auch die dunkleren Schattierungen der Sommer-Farbpalette an. Einer Sommer-Frau mit sehr dunklen Haaren und braunen Augen steht das ganz helle Rosa meist weniger gut als ein bläuliches Pink. Apropos Pink: Der Farbton muß auf jeden Fall zurückhaltend, darf nicht knallig sein.

Gold und Orange gehören zu den Farben, die eine Sommer-Frau lieber nicht tragen sollte. Beide betonen ungewollt kleine Schönheitsfehler, Fältchen und matte Haut.

Lila

Alle Töne von Flieder über Lavendel bis Mauve, Pflaume oder Orchidee können von einer Sommer-Frau getragen werden. Hellen Sommer-Typen steht der Fliederton ideal, dunkleren eher ein Pflaumenblau.

Braun

Sommer-Frauen brauchen ein gedämpftes Braun mit leichten rosafarbenen Untertönen. Ein sandiges Braun geht auch, aber auf keinen Fall Rotbraun oder ein anderer warmer Braunton – den können sich am besten die Herbst-Typen leisten.

Beige und Gelb

Ein weiches Beige mit einem rosa Unterton steht allen Sommer-Frauen. Gelb dagegen ist eine etwas schwierige Farbe für die Sommer-Typen. Am besten ist ein ganz zartes Zitronengelb. Warme, satte Gelbtöne wie das Gelb der Dotterblume oder der Narzisse sollten Sommer-Frauen meiden. Wichtig: Das Gelb muß durch Weiß gedämpft werden.

Grün

Am schönsten ist ein kühles Seegrün mit einem ganz zarten blauen Unterton. Aber auch Jadegrün, ein kaltes Flaschengrün, ein blaustichiges Pastellgrün oder ein helles Türkis sind geeignete Farben für den Sommer-Typ.

Grundsätzlich gilt: Eine Sommer-Frau kann (fast) alle Farben tragen, es kommt nur auf die Nuance an. Wer seine Farben kennt, bekommt dafür schnell den richtigen Blick.

Weiß

Ein ungebrochenes Weiß steht Sommer-Frauen meist nicht so gut. Sie wirken dadurch nicht frisch, sondern eher etwas müde, die Haut bekommt einen fast ungesunden Schimmer. Trotzdem: Es gibt natürlich Sommer-Frauen, die sich diese Farbe leisten können, vor allem, wenn sie ein bißchen Sonnenbräune zugelegt haben. Normalerweise gilt jedoch: Schneeiges Weiß ist für die Winter-Frauen reserviert, alle anderen sollten um das strahlende Weiß einen Bogen machen bzw. weiße Sachen nicht zu nah am Gesicht tragen. Gegen eine weiße Hose oder einen weißen Rock ist nichts einzuwenden. Ideal für Sommer-Frauen ist ein gebrochenes Weiß, ein Eierschalenton oder ein Wollweiß.

Schwarz

Die Antifarbe für alle Sommer-Frauen. Durch Schwarz wirken sie blaß und meist auch etwas älter. Die Augen machen einen leicht müden Eindruck, Fältchen kommen stärker zum Vorschein. Besonders intensiv ist dieser Effekt gemeinerweise, wenn man sich ohnehin nicht so gut fühlt – und dann ausgerechnet zu einer schwarzen Bluse oder einem tiefschwarzen Kostüm greift.

Farbtest: So finden Sie Ihre Sommer-Palette

Den ersten Schritt haben Sie ja bereits getan: Sie sind die Checkliste durchgegangen, haben die Fragen beantwortet und eine Reihe von Merkmalen gefunden, die auf Sie zutreffen. Ob Sie wirklich eine Sommer-Frau sind, zeigt Ihnen ein detaillierter Farbtest.

Für den Farbtest brauchen Sie möglichst viele Kleidungsstücke, Stoffteile oder auch Handtücher in den Farbabstufungen der Sommer-Palette, aber auch einige in Farben, die eine Sommer-Frau möglichst nicht tragen sollte (zum Beispiel Schwarz oder Orange). Eine Reihe der Farben werden Sie vermutlich im Kleider- oder Wäscheschrank haben, nach anderen dagegen vergeblich suchen. Vielleicht hilft Ihnen in diesem Fall eine Freundin aus.

Im Prinzip läuft dieser Farbtest nach demselben Muster ab wie der, den Sie schon kennen (vgl. Seite 23; Kennen Sie Ihre Farben?). Sie brauchen ein möglichst schattenloses Licht (das haben Sie in der Regel an einem Nordfenster), Sonnenlicht verändert die Farben, das gleiche gilt für dämmriges Kunstlicht.
Ihr Gesicht muß ungeschminkt sein; falls Ihr Haar getönt oder gefärbt ist, binden Sie es bitte straff nach hinten, so daß die Haarfarbe Sie nicht beeinflussen kann.

Machen Sie den Farbtest in einem möglichst farbneutralen Hemdchen, oder tragen Sie am besten nur einen BH, so daß die Schultern frei bleiben. Legen Sie sich jetzt die Tücher, Kleidungsstücke oder Stoffe nacheinander um Schultern

und Hals, und lassen Sie den Farbeindruck ein Weilchen auf sich wirken.
Da Sie auf der Suche nach der idealen Sommer-Palette sind, fangen Sie am besten mit den unterschiedlichen Rot- und Rosatönen an. Legen Sie sich ein Tuch (oder einen Pulli oder eine Bluse) in einem kühlen Altrosa um die Schultern. Beobachten Sie, ob und wie sich Ihr Gesicht verändert. Wenn Sie eine Sommer-Frau sind, werden nach einer Weile Ihre Augen zu leuchten anfangen, Linien am Mund oder rechts und links der Nase wirken weicher, das ganze Gesicht macht einen harmonischen Eindruck.

Auch wenn Sie am Anfang Probleme haben sollten, die unterschiedliche Wirkung der Farben zu erkennen – es dauert ein Weilchen, bis Sie sich „eingesehen" haben. Sie brauchen Ruhe und Geduld. Aus diesem Grund ist es oft besser, den Farbtest allein, ohne Freundin und erst recht ohne Partner zu machen.

Orange ist Ihre Antifarbe

Wechseln Sie jetzt zu einer Farbe, die ins Orangerot geht oder (falls nicht vorhanden) zu einem warmen Lachsrot. Jede Sommer-Frau reagiert auf diese Farbveränderung in ähnlicher Art und Weise: Kleine Schönheitsfehler werden plötzlich offensichtlich und unglücklicherweise noch besonders betont. Wenn Sie sich eine Weile beobachten, werden Sie sehen, daß Ihre Augen eindeutig an Glanz verlieren, manchmal erscheint einem die Nase sogar ein bißchen schief. (Möglicherweise ist sie sogar ein wenig schief, wird aber durch die richtige Farbe und die Harmonie im Gesicht optisch wieder geradegerückt.)

Jeansblau steht Ihnen optimal

Nächster Schritt: Gehen Sie zu Blau über, und zwar am besten zu einem verwaschenen Jeansblau (diese Farbe haben Sie ganz sicher irgendwo im Kleiderschrank). Sommer-Typen blühen mit dieser Farbe geradezu auf – und das müßte jetzt auch auf Sie zutreffen. Schauen Sie auf Ihre Haut – Ihr Teint müßte jetzt merklich gesünder, erholter aussehen. Beobachten Sie Ihren Mund: Wenn das verwaschene Blau zu Ihren idealen Farben gehört, werden vermutlich Ihre Lippenkonturen betont, das heißt, Ihr Mund wirkt größer, intensiver, erotischer.

Zitronengelb gehört in die Palette

Versuchen Sie jetzt ein intensives Königsblau – und Sie werden feststellen, daß diese Farbe Ihnen nicht steht – vorausgesetzt, Sie sind eine Sommer- und keine Winter-Frau.
Was Sie sicherlich zu Hause im Schrank (oder im Kleiderschrank Ihres Partners) ohne Mühe finden werden, ist ein dunkles Nachtblau. Testen Sie einmal diese Farbe. Als Sommer-Frau, der die pastelligen Töne am besten stehen, sehen Sie jetzt, daß Nachtblau oder auch Marine für Sie etwas zu dunkel ist. Beide Nuancen sind für Winter-Frauen wie gemacht, den Sommer-Typ lassen sie dagegen blaß und matt aussehen.

Probieren Sie ein gedämpftes Zitronengelb. Wenn Sie ein Sommer-Typ sind, gehört diese Nuance eindeutig zu Ihren Farben. Mittlerweile werden Sie auch bereits ein Gespür dafür entwickelt haben, ob die Farbe Ihre natürliche Schönheit unterstreicht.

Wiederholen Sie Ihre Farbvergleiche, sooft Sie Lust haben. Testen Sie die Palette durch, und fangen Sie ruhig noch einmal von vorn an. Mit jeder neuen Nuance schärfen Sie Ihren Blick und fühlen sich sicherer.

Gehen Sie jetzt zu einem Apricot über. Sehen Sie eine Veränderung? Wenn ja, gehört Apricot (eine ideale Farbe für den Frühlings-Typ) nicht in Ihre Farbpalette.

Der Trick beim Farbtest: Je mehr Sie vergleichen, desto genauer tasten Sie sich an Ihren Farbtyp heran. Lassen Sie sich nie von einer Farbe abschrecken, und schauen Sie auch beim Testen nicht auf die Farben, sondern immer auf Ihr Gesicht.

Ideal: ein blaustichiges Grün

Wollen Sie noch ein Grün ausprobieren? Dann testen Sie zunächst ein zurückhaltendes Türkis oder auch ein zartes Seegrün. Beide Farben stehen einer Sommer-Frau. Falls Sie um Grün sonst immer einen Bogen gemacht haben (zugegeben, richtig schöne Grüntöne sind tatsächlich schwer zu finden): Die Wirkung müßte Sie jetzt eigentlich davon überzeugen, daß Grün eine wunderbare Farbe für Sie ist.

Maigrün ist nicht Ihre Farbe

Und jetzt der Gegentest: Legen Sie sich ein Tuch in einem knalligen Maigrün um die Schultern. Steht Ihnen diese Far-

be? Wenn Sie eine Sommer-Frau sind, müßte Ihre Antwort nein lauten.

Noch ein letzter Versuch mit Braun. Vielleicht finden Sie in Ihrem Kleiderschrank ein Graubraun oder einen grau unterlegten Schlammton. Beide Farbtöne müßten Ihnen gut stehen.

Versuchen Sie dagegen ein rötliches Ziegelbraun. Merken Sie den Unterschied? Der Ziegelton ist für Sie als Sommer-Frau viel zu warm und damit ungeeignet.

Nehmen Sie sich genügend Zeit, die einzelnen Farbtöne und Nuancen in aller Ruhe auszutesten. Und reagieren Sie nicht enttäuscht, wenn Sie die Veränderungen in Ihrem Gesicht nicht auf Anhieb entdecken können. Lassen Sie die Farbe ein paar Minuten auf sich wirken, und fühlen Sie sich langsam in die Farben hinein – Sie werden verblüfft sein, wie deutlich die Unterschiede hervortreten.

Viele Sommer-Frauen mögen die zarten Pastelle ihrer Farbpalette zunächst gar nicht so gern. Sie kommen sich in einem Rosa oder hellen Blau zu kindlich, zu naiv-romantisch vor.

Bei diesem Farbtest sehen Sie auch, ob Sie ein eher pastelliger Sommer-Typ oder eine dunkle Sommer-Frau sind. Wenn Sie das Gefühl haben, daß Ihnen die ganz hellen Töne ein besonders attraktives Aussehen geben, gehören Sie zu den Sommer-Frauen, die Hellrosa oder auch Hellblau (eigentlich Farben, vor denen viele Erwachsene zurückschrecken) gut tragen können. Meist haben diese Frauen blondes bis hellblondes Haar, dunkle Sommer-Typen sind dagegen eher brünett

(aber wie so oft gilt auch hier: Ausnahmen bestätigen die Regel). Es gibt durchaus dunkelhaarige Frauen, die sich als ein sehr pastelliger Sommer-Typ entpuppen. Sind Sie jetzt sicher, daß Sie zu den Sommer-Frauen gehören? Dann sehen Sie doch mal Ihre Garderobe durch, und überprüfen Sie, welche Farben Sie im Schrank haben. Der Normalfall: In Ihrer Garderobe werden Sie eine Reihe von Farben finden, die gar nicht in Ihre Palette gehören. Sie müssen Ihre Sachen deshalb nicht weggeben – färben Sie sie um, oder peppen Sie sie mit den richtigen Accessoires so auf, daß sie wieder zu Ihnen passen.

Wenn Sie jetzt einkaufen gehen, wissen Sie, daß die Sommer-Farben Ihnen am besten stehen. Um es Ihnen leichtzumachen, haben wir einen Farbpaß für Sie vorbereitet. Nehmen Sie diesen Farbpaß mit zum Einkauf, und suchen Sie dann in aller Ruhe nach Ihren Farben.

Wenn auch Sie eine unüberwindliche Abneigung gegen Rosa haben – Sie müssen diese Farbe ja nicht unbedingt tragen. Auch Lavendel, Beige oder Grau steht Ihnen. Und diese Farben wirken „erwachsener".

Sommer-Frauen: sanft und gelassen

Die zarten, gedeckten Töne sind ihre idealen Farben. Und das paßt auch zum Stil der Persönlichkeit. Sommer-Frauen sind in der Regel ebenso mild, schön und edel wie ihre Farbpalette.

Zugegeben: Jeder Mensch ist anders. Aber was für die Sternzeichen gilt (Skorpione, Steinböcke, Wassermänner etc.), hat auch ein bißchen Berechtigung in Sachen Farbtypen. Sommer-Frauen sind häufig andere Frauentypen als Winter- oder Frühlings-Frauen. Die idealen Farben entsprechen nämlich auch ein wenig der Persönlichkeit.

Sommer-Typen sind sehr feminine Frauen, die diesen Zug ruhig durch ihr Äußeres unterstreichen dürfen. Fast allen Sommer-Frauen stehen beispielsweise sehr romantische Sa-

Ein bißchen aristokratisch, ein bißchen verspielt, ein bißchen unnahbar – so läßt sich eine Sommer-Frau beschreiben. Alles Harte, Herbe ist ihr fremd.

Wenn eine Sommer-Frau Erfolg hat, dann liegt das auch an ihrem natürlichen Charme. Sie setzt sich durch, ohne daß sie mit harten Bandagen kämpfen muß.

chen (Rüschen, Jabots, Mozart-Look), auch wenn viele von sich selber sagen, daß sie nicht den geringsten Hang zu romantischer Mode haben.

Sommer-Frauen, die ihren Stil gefunden haben, wirken oft gelassen und ruhig, eben wie eine richtige Dame. Mit den richtigen Farben wirken Sommer-Frauen weich, samtig, zart und auf ihre Art sehr geradlinig. Sie machen einen ausgeglichenen Eindruck, sind eher zurückhaltend, erinnern an Traumfrauen auf den Bildern von Watteau oder Renoir.

Trotz allem geht von der Sommer-Frau eine gewisse Kühle aus, sie bleibt bei aller femininen Ausstrahlung eben auch geheimnisvoll.

Durch ihre sanfte Ausstrahlung machen Sommer-Frauen oft den Eindruck, daß sie eine starke Schulter brauchen. Irrtum. Sommer-Frauen sind ganz schön selbstbewußt.

Sommer-Frauen verstehen es, häufig schon auf den ersten Blick Sympathien für sich zu gewinnen und ganz unspektakulär für sich zu werben. Vielleicht liegt es an den zarten, pastelligen Farben, daß man sich zu einer Sommer-Frau automatisch hingezogen fühlt – sie gibt einem einfach das Gefühl, Balsam für die Seele zu sein.

Sommer-Frauen sind ehrgeizig, aber keine Einzelkämpferinnen. Im Beruf sind sie im Team beliebt, vielleicht weil sie es verstehen, unterschiedliche Strömungen und Charaktere immer wieder zusammenzubringen.

Ihre weiche, zarte Erscheinung macht sie als Freundin und Gesprächspartnerin interessant und liebenswert. Meist vermittelt sie den Eindruck, in Konfliktsituationen ausgleichend zu wirken. Ihre Gegenwart erscheint entspannend und erholsam – eben wie ein schöner Sommertag.

Die richtige Mode für die Sommer-Frau

Was für die Farben gilt, trifft auch auf die Mode zu. Sommer-Frauen sollten alles Schrille, Knallige vermeiden. Weiche Schnitte und schmeichelnde Stoffe sind ideal.

Jede Frau kennt das Problem: Man steht im Laden, weiß nicht so recht, was man kaufen soll, entscheidet sich nach langem Hin und Her für ein modisches (möglicherweise sündhaft teures) Stück – und stellt später fest, daß man einen totalen Fehlkauf getätigt hat.

Grosses Foto: Katja trägt einen Strickanzug aus einem ganz dunklen Himbeer-rot, dazu eine Wickel-bluse in verwaschenem Blau. Das sieht edel aus, hat aber trotzdem noch eine verspielte Note.
Kleines Foto: Ein Sommerkleid in Jeansblau steht ihr geradezu optimal.

Eine Sommer-Frau, die weiß, daß ihr Orange oder Maisgelb nicht steht, kommt gar nicht in Versuchung, sich ein Kleid in einer dieser Farben zu kaufen.

Wer seine idealen Farben kennt, tut sich da leichter. Sinnvoll ist es, die Garderobe nach und nach auf bestimmten Grundfarben aufzubauen. Wichtige und in der Regel teure Teile (wie Kostüm, Hosenanzug, Blazer oder festliche Sachen für abends) sollten einen Farbton haben, der Ihnen besonders gut steht, der relativ neutral ist und der sich mit auffälligeren Farben gut kombinieren läßt.
Folgende Farbtöne der Sommer-Palette sind für eine Grundgarderobe ideal:

- Ein gebrochenes Weiß, Wollweiß oder Eierschale
- Ein abgeschwächtes Marineblau
- Ein zartes Blaugrau
- Ein bräunliches Rosa
- Ein heller Fliederton.

Die Grundfarben können Sie nach Lust und Laune mit allen anderen Nuancen Ihrer Farbpalette mixen. Zum Beispiel mit:

- Einem satten Himbeerrot
- Einem zitronigen Gelb
- Einem schönen Seegrün.

Was Sie in Ihrer Freizeit tragen können

Da Sommer-Frauen auch in lässiger, natürlicher Mode sehr schön aussehen, können Sie Ihre Freizeitgarderobe auf Jeans, Hemdblusen (zum Beispiel in Hellblau oder Rosa), Pullis (schön in gebrochenem Weiß oder in verwaschenem Marine) aufbauen. Aber: Sommer-Frauen sollten darauf achten, daß sie nicht zu sportlich-streng wirken: den sportlichen Look am besten durch weiche, schmiegsame Stoffe oder durch ein kleines Muster etwas abmildern.
Sommer-Frauen können sich problemlos Rüschen leisten. Die Mode darf ruhig etwas romantisch sein. Anders als die Winter-Frau kann eine Sommer-Frau von den klassischen Linien abweichen – ohne daß ihr das schadet. Spitzen, weiche, fließende Linien, feminine Kleider, Country- und Landhaus-Stil – all das paßt ideal zu ihr. Sommer-Frauen können sogar Dirndl tragen (ein Kleidungsstück, das nun wirklich nicht jeder Frau steht).

Wer es nicht so gern romantisch mag: Ein paar Details bringen oft schon den nötigen Pep. Ein Tuch, ein bißchen Schmuck oder eine weiche Frisur unterstreicht die weiche Ausstrahlung des Sommer-Typs, selbst wenn der Busineß-Look ganz pur und schnörkellos sein soll.

Was Sie im Büro gut tragen können

Das steht jeder Sommer-Frau: Jeans, eine Hemdbluse mit zarten Streifen und als Modegag eine Krawatte. Da die Mode in diesem Fall schlicht und streng ist, dürfen die Haare in weichen Locken fallen.

Die Mode fürs Büro besser nicht zu verspielt, sondern eher einfach, klar und gedämpft auswählen. Zurückhaltend wie die Farben sollte auch die Machart sein. Ein ganz strenges, klassisches Schneiderkostüm läßt eine Sommer-Frau leicht hart wirken – selbst wenn die Farbe stimmt. Eine kleine Verzierung – und sei es nur eine weiße Biese – bringt die notwendige Weichheit ins Bild und wirkt wahre Wunder.
Schwarze Hosen oder Röcke sind auch einer Sommer-Frau selbstverständlich erlaubt. Die Blazer, Blusen oder Pullis sollten dagegen in entsprechenden Sommer-Farben ausgewählt werden.

Das können Sie abends tragen

Abendkleider, -anzüge oder auch nur eine festliche Bluse sind in der Regel teure Anschaffungen, die nicht nur eine Saison halten sollen. Viele Frauen greifen bei Abendsachen

automatisch zur Farbe Schwarz. Nicht ganz zu Unrecht, denn Schwarz wirkt immer edel und pur, ein bißchen dramatisch und nie überladen oder gar kitschig.
Trotzdem: Sommer-Frauen sollten es sich gut überlegen, ob Schwarz die Farbe ihres Abendkleides sein soll. Eine typische Sommer-Farbe schmeichelt ihnen mehr. Schön ist beispielsweise ein sanftes Blau oder ein zurückhaltendes Pink, ein Malventon oder auch ein Weinrot. Wichtig ist, daß die Machart des Kleides Ihrem Typ entgegenkommt. Als Sommer-Frau können Sie zum Beispiel problemlos Corsagenkleider mit einem weiten, schwingenden Rock ausprobieren.

Muster für die Sommer-Frau

Verspielte und romantische Sachen sind nicht nur erlaubt, sondern sogar erwünscht. Luftig, feminin und fließend – so sind die Stoffe und Muster für den Sommer-Typ.

Streifen sind zu streng, aber Blumen in allen Variationen, ineinanderfließende Linien, Phantasiemuster, Millefleurs – das alles paßt zu einer Sommer-Frau. Bei der Auswahl ihrer Muster kommt es darauf an, daß die weiche, pastellige, sanfte Ausstrahlung der Sommer-Frauen betont wird. Schön sind zum Beispiel abstrakte Aquarellmuster, aber auch Bauernmuster in Hellblau und Rosa.
Sommer-Frauen dürfen ohne Angst in Mustern schwelgen, ihr Typ verträgt im Grund alles, was fließt. Schottenkaros und Blockstreifen allerdings sind nicht das richtige. Zur Sommer-Frau paßt Chiffon, aber auch weicher, anschmiegsamer Samt.

Rosa kann auch edel aussehen. Katja trägt ein Twinset in einem kühlen, pastelligen Rosaton – und das steht ihr ganz ausgezeichnet. Sie wirkt sehr weiblich, aber trotzdem erwachsen.

Das richtige Make-up für den Sommer-Typ

Nicht nur die Kleiderfarben beeinflussen das Aussehen – ebenso wichtig ist das Make-up. Eine Sommer-Frau braucht auch hier vor allem kühle Töne mit bläulichem Unterton.

Durch einen warmen Farbton bei der Grundierung wirken Sommer-Frauen unnatürlich geschminkt und mit Make-up geradezu zugekleistert.

Ein knallig orangeroter Lippenstift, der in der Parfümerie wundervoll aussieht, kann einer Sommer-Frau einen blassen, fast kränklichen Hautton verleihen. Beim Lidschatten, Lippenstift oder auch gerade bei der Grundierung etwas Falsches zu kaufen, ist keine Seltenheit. Es gibt wohl kaum eine Frau, die nicht schon mal zu einer Farbe gegriffen hat, die ihr überhaupt nicht steht.
Für Sommer-Frauen gilt auch beim Thema Make-up: Keine Farben mit orangerotem, gelblichem Unterton, keine warmen Töne und keine harten Kontraste beim Schminken. Schön sind alle weichen Farben, Lippenrot mit einem kleinen Blaustich, Lidschatten in Flieder- und Mauvetönen.

Grundierung: am besten leicht rosa

Wenn Sie eine Grundierung oder eine getönte Feuchtigkeitscreme verwenden, achten Sie darauf, daß sie ein wenig rosa getönt ist. Immerhin haben die meisten Sommer-Frauen von Natur aus einen zart rosafarbenen Teint, das Make-up geht daher an der Kinnlinie ohne Probleme in den natürlichen Hautton über. Vermeiden Sie alle Grundierungen, die auf Gelb basieren und die sehr bräunlich wirken. Probieren Sie zum Vergleich das falsche Make-up aus: Sie werden sehen, daß die Grundierung unnatürlich wirkt, viel zu sehr auffällt; Sie fühlen sich vermutlich mit Make-up ge-

ROSSES FOTO: KATJA IST
ANZ NATÜRLICH UND
URÜCKHALTEND GE-
CHMINKT. DIE GRUNDIE-
UNG UNTERSTREICHT
IREN LEICHT ROSAFARBE-
EN TEINT, DIE AUGEN
IRKEN SANFT UND KLAR,
ER MUND IST DURCH EIN
RÄFTIGES HIMBEERROT
ETONT.
LEINES FOTO: AM
BEND DARF ES EIN
SSCHEN MEHR SEIN.
ATJAS AUGEN SIND
URCH MAUVEFARBENEN
IDSCHATTEN BETONT,
EN MUND HEBT INTENSI-
ES, LEICHT BLÄULICHES
OT HERVOR.

radezu zugekleistert. Dies ist immer ein sicheres Zeichen, daß Sie einen falschen Farbton gewählt haben, unter Umständen sogar beim Kauf falsch beraten worden sind. Sommer-Frauen mit einem leicht rötlichen Teint benutzen am besten ein beigefarbenes Make-up, das eindeutig eine kühle Nuance hat. Auf keinen Fall ein gelblichbräunliches Make-up wählen.

Rouge: weniger ist mehr

Ein bißchen Rouge auf den Wangen gibt dem Gesicht Kontur und Frische. Aber: Der richtige Farbton muß es sein. Sommer-Frauen brauchen rosige Rougetöne, möglich sind alle Schattierungen von sehr zartem Pink über sanftes Rosa bis zu einem dunkleren Weinrot. Ein warmer, erdiger Terrakottaton oder ein warmes Pfirsichrosa kommt für Sommer-Frauen nicht in Frage.

Wie für Lippenstift und Lidschatten gilt auch für Nagellack: Kalte Farbtöne sind am schönsten. Von zartem Pink bis zu kräftigem Himbeerrot ist alles erlaubt.

Augen-Make-up: von Pflaumenblau bis Graugrün

Sommer-Frauen dürfen auch beim Schminken ihre feminine Seite unterstreichen. Und das heißt umgekehrt: Keine dramatischen Gesichter schminken, sondern die weichen Linien betonen. Als Lidschattenfarben kommen alle kühlen Töne in Frage. Sommer-Frauen mit blauen Augen können gut Aschblau, Malve oder Pflaumenblau tragen, braunäugigen Sommer-Frauen steht auch ein verwaschenes Marineblau. Geht Ihre Augenfarbe mehr ins Graugrün, stehen Ihnen auch verhangene Grüntöne oder ein Malveton als Lidschatten. Wenn Sie möchten, können Sie verschiedene Lidschattentöne miteinander mischen: zum Beispiel ein zartes Pink mit Mintgrün, ein kühles Grau mit Lila, einen Champagnerton mit Amethyst. Die Augen dürfen jedoch nicht bunt geschminkt sein, die Farben müssen transparent wirken. Wer seine Augen nur dezent betonen will, wählt am besten ein silbriges Grau oder ein etwas dunkleres Grau, das fast schon Anthrazit sein kann.

Achten Sie beim Schminken darauf, daß die weichen Linien Ihres Gesichts nicht verdeckt werden. Und: Überschminken Sie nicht Ihre natürliche Schönheit.

Bei der Wimperntusche sollten Sie einen möglichst natürlichen Farbton wählen – und kein knalliges Blau oder Grün. Am besten passen Schwarzbraun, Anthrazit oder Braun. Eine gute Orientierungshilfe ist die Farbe Ihrer Augenbrauen. Auch der Lidstrich darf nicht zu dunkel sein. Pechschwarz ist für Sommer-Frauen meist nicht geeignet. Besser ist Anthrazit oder ein dunkles Grau.

Blauäugige Sommer-Frauen können beim Lidstrich zwischen Stahlblau, Lapisblau oder Mittelgrau wählen, Sommer-Frauen mit braunen Augen zwischen einem braunen, tannengrünen oder grauen Lidstrich. Wer grüne Augen hat und gern einen farbigen Lidstrich ausprobieren möchte, kann zwischen Tannengrün, Grau, aber auch einem zurückhaltenden Violett wählen.

Wimperntusche und Lidstrich möglichst nicht in Schwarz wählen.

Lippenstift: von Weinrot bis Lila

Wenn Sie ein heller Sommer-Typ sind, stehen Ihnen rosagetönte Lippenstifte besser als Farbnuancen, die ins Lila gehen. Kühle, dunklere Lippenstifte sind das richtige für brünette, braunäugige Sommer-Frauen. Sie dürfen auch zu Weinrot, dunklem Pink und sogar zu Lila greifen. Aber: Zu hart und knallig darf der Mund nicht geschminkt werden. Das Gesicht sieht am schönsten aus, wenn auch die Lippen in einer weichen Farbe und Kontur betont werden. Achten Sie bei allen Lippenstiftfarben darauf, daß der Farbton bläulich unterlegt ist, also nicht korallenrot, ziegelrot oder sogar rostrot wirkt. Absolut tabu für Sommer-Frauen sind orangefarbene Lippenstifte.

Probieren Sie es aus: Alles, was in die Richtung helles Pink geht, steht Ihnen ausgezeichnet. Als blonde Sommer-Frau können Sie Ihren Mund rosa schminken, und zwar in einem kühlen Altrosa (nicht zu pastellig). Je dunkler Ihr natürliches Kolorit ist, desto intensiver darf auch Ihr Lippenstift sein. Achten Sie auf einen Himbeerton, der steht Ihnen wunderbar, oder auch auf das dunkle Rot der Sauerkirschen. Beide Farben werden Ihren Mund sehr stark betonen, das unterstützt ihre feminine, erotische Ausstrahlung. Toll sieht an Ihnen auch das Rot der Fuchsien aus. Es hat einen starken Hang zu Pink und Violett, das kommt Ihrem leicht bläulichen Hautton ideal entgegen.

Wie intensiv Sie Ihren Mund betonen, hängt sowohl von der natürlichen Farbe Ihrer Lippen als auch von Ihrer gesamten Ausstrahlung ab.

Die richtige Haarfarbe für den Sommer-Typ

Die meisten Sommer-Frauen mögen ihre Haarfarbe nicht. Und deshalb experimentieren sie mit allen möglichen Farbtönen: mal heller, mal dunkler, mal einen Rotstich, mal blonde Strähnchen.

Langes, weich fallendes Haar paßt ideal zu einer Sommer-Frau. Wer von Natur aus keine so dichte Mähne hat, sollte zumindest eine weiche, schmeichelnde Frisur wählen – und keinen sportlichen Kurzhaarschnitt.

Mit dem Haaretönen und -färben ist das so eine Sache: Häufig wünscht man sich einen Farbton, der an anderen Frauen himmlisch aussieht, einem selbst aber überhaupt nicht steht. Eine Sommer-Frau, die sich ihre Haare mit Henna tönt, wird meist enttäuscht sein. Hennarot sieht an Sommer-Frauen unharmonisch und streng aus und macht sie in der Regel viel zu blaß. Viele Sommer-Frauen sehen mit ihrer natürlichen Haarfarbe am besten aus – vor allem die dunklen und auch die sehr hellen Sommer-Typen. Alle Sommer-Frauen, die ihr Haar zu aschig, zu mausig finden, dürfen natürlich aufhellen oder künstlich nachdunkeln. Blonde oder auch graue Strähnchen sehen fast immer schön und harmonisch aus. Ungeeignet für Sommer-Frauen sind alle warmen Farben von Honigblond und Flachsblond bis Kupferrot. Der Kontrast zum Gesicht wird durch diese Töne einfach zu hart.

Fast allen Sommer-Frauen stehen etwas längere oder sogar lange Haare besser als raspelkurze. Ein Sommer-Typ sollte immer darauf achten, nicht zu streng zu wirken – das paßt nicht zu ihm. Weiche fallende Haare, leichte Wellen oder Locken, eine Frisur, die dem Gesicht schmeichelt – das sind die idealen Frisuren für Sommer-Frauen. Ein ganz sportlicher Schnitt dagegen ist in den allermeisten Fällen nicht das richtige. Wenn schon kurze Haare, dann eher ein weicher Pagenkopf.

Besonders dunkelhaarige Sommer-Frauen sehen mit ihrer natürlichen Haarfarbe am besten aus. Wer trotzdem tönen will, sollte sich für eine dunklere oder hellere Nuance entscheiden, aber auf keinen Fall einen Rotton wählen.

Schmuck und Accessoires

Das modische I-Tüpfelchen sind die Accessoires – Taschen, Schuhe, Gürtel, Tücher und natürlich Schmuck. Wenn alles zusammenpassen soll, müssen die Farben stimmen.

Weiße Metalle harmonieren mit Sommer- und mit Winter-Frauen. Beiden stehen auch Perlen. Goldschmuck paßt dagegen nicht zu einer Sommer-Frau.

Vielleicht haben Sie schon selbst bemerkt, daß Ihnen Silber besser steht als Gold. Oder daß Perlenketten ganz besonders gut zu Ihnen passen. Wenn ja, dann haben Sie sich intuitiv richtig verhalten. Denn als Sommer-Frau brauchen Sie auch bei Schmuck und Accessoires weiche, kühle, gedämpfte Farbtöne. Ihnen stehen schlichte Perlen besser als den meisten anderen Frauen; Schmuck aus Silber, Weißgold oder auch Platin sieht an Ihnen besonders edel aus. Auffälliger Goldschmuck dagegen ist für Sie eine Fehlinvestition. Dicke Klunker, egal, ob echt oder nur Modeschmuck, wirken an Ihnen immer protzig, schwer und überladen.

Zu Ihnen passen lilafarbene Amethyste, zartrosa Steine oder auch Rubine sehr gut. Wenn Sie lieber Modeschmuck tragen: Schön sind pastellige Glas- oder Plastikketten, die Sie nach Lust und Laune miteinander kombinieren können. Auch bei allen anderen Accessoires liegen Sie mit Pastellfarben immer richtig. Fließende Chiffonschals, Tücher in den typischen Sommer-Farben – fast schon ein Modemuß für romantisch angehauchte Sommer-Frauen. Handtaschen müssen nicht hundertprozentig zur Kleidung passen, aber wenn die Farbe stimmen soll, dann brauchen Sommer-Frauen am ehesten eine rau-

chig-marineblaue Tasche. Zu den Farben, die weniger gut passen, gehört beispielsweise Braun.
Dasselbe gilt bei der Wahl der Schuhe. Grau, Graublau, Marine, Braunrosa, im Sommer Pastell – das sind die idealen Farben für die Schuhe. (Wobei natürlich auch Sommer-Frauen schwarze Schuhe tragen können.)
Achten Sie bei der Auswahl der Accessoires darauf, daß sie in Farbe und Machart „sommerlich“, feminin, leicht und sanft wirken. Üppige, fast überladene Accessoires können sich nur die Herbst-Frauen leisten. Bei allen anderen ist Understatement angebracht.

Auch modische, temperamentvolle Farben können bei Schuhen und Taschen einen reizvollen Akzent zur Sommergarderobe setzen.

Wer es ganz perfekt machen will, wählt zur Kleidung die richtigen Accessoires. Für den Sommer-Typ gilt: Alle sanften, pastelligen Farben sind möglich.

Die richtige Brille für den Sommer-Typ

Auch hier gilt: Bloß keine strenge Brillenfassung, das nimmt dem Sommer-Typ die sanften Züge.

KATJA STEHEN DIE NETTEN PASTELLFARBEN GUT, ABER AUCH DIE LEICHT BLÄULICHE METALLBRILLE PASST ZU IHR.

Sommer-Frauen können alle kühlen Farbtöne für ihre Brille wählen, sollten beim Aussuchen aber zunächst einmal mit den helleren, mit den Pastelltönen beginnen. In der Regel werden einer Sommer-Frau die zarten Nuancen ihrer Palette besser stehen als die intensiveren. Ideal ist ein kühles Rosa oder ein zartes Violett. Dunklen Sommer-Frauen steht auch ein kräftiges Violett, eigentlich eine Farbe aus der Winter-Palette.
Helle Sommer-Typen mit aschblonden Haaren suchen sich besser eine nicht zu kräftige Brille aus. Sie wirken sonst zu streng. Probieren Sie mal ein transparentes Gestell mit einem Hauch von Pastell aus. Das wird Ihnen sicher stehen. Falls Sie lieber Metallbrillen tragen: Eine silbrige Fassung ist für Sie besser als eine goldene.
Lassen Sie die Finger von modischen schwarzen oder schwarzgetigerten Brillen. Das schwarze Gestell dominiert Ihr Gesicht, nimmt Ihnen Ihre feminine Ausstrahlung.

Nehmen Sie sich viel Zeit, wenn Sie eine neue Brille kaufen wollen. Und ziehen Sie bei dieser Gelegenheit Sachen an, die Ihnen richtig gut stehen und in denen Sie sich wohl fühlen. Gehen Sie nicht gerade an einem Tag zum Optiker, an dem Sie sich ohnehin schlecht fühlen. Sie werden unter diesen Umständen garantiert keine Brille, und schon gar nicht eine, die Ihnen steht, finden. Achten Sie darauf, daß Sie Farben tragen, die haargenau zu Ihrem Typ passen, und stimmen Sie so Farbe und Form Ihrer Brille ab.

Der richtige Duft für den Sommer-Typ

Ein Sommer-Typ braucht ein blumiges, weibliches Parfüm: nicht zu frisch, sondern pudrig-leicht.

Die Düfte, die eine Frühlings-Frau gut tragen kann, sind für den Sommer-Typ etwas zu leicht – ein bißchen sinnlicher darf es schon sein. Oberstes Merkmal ist die blumige Note; es kann ein bißchen süß und sehr weiblich sein, aber nicht zu exotisch, schwer und raffiniert. In Frage kommen alle Düfte mit blumigen Essenzen: Rosen, Heliotrop, Narzissen, aber auch Vanille.

Ideal für Sommer-Frauen sind alle sogenannten Aldehyddüfte. Sie wurden in den zwanziger Jahren entwickelt (Vorreiter war „Chanel No.5") und sorgten in der Parfümwelt für eine Revolution. Mit Hilfe der Aldehyde war es möglich, eine breite Palette der schönsten Blumendüfte synthetisch

herzustellen. Alle Aldehyddüfte gelten als weiblich, erotisch und trotzdem leicht.

Ein Klassiker für die Sommer-Frau ist „Chanel No. 5" aus dem Jahr 1921. Aber auch „Chanel No. 19", ein jüngerer Duft, enthält sehr viel blumige Anteile, dazu Chypre und Holz: ein Parfüm wie gemacht für Sommer-Frauen. Noch ein legendärer Klassiker: „Joy" von Jean Patou. Es enthält unter anderem Maiglöckchen.

Was an Sommer-Frauen auch hinreißend duftet: „Femme" von Rochas. Es enthält Jasmin und Rose und gibt dem Sommer-Typ einen Hauch Leidenschaft. Ebenfalls schön: „Rive Gauche" von Yves St. Laurent.

Sommer-Düfte sind meist Honiggolden oder Zimtfarben, auf jeden Fall etwas dunkler als Frühlings-Düfte und heller als Herbst-Parfüms.

Was zu einer Sommer-Frau nicht paßt, sind die würzigen, holzigen Düfte der Herbst-Frau, zum Beispiel „Coco" von Chanel oder „Must de Cartier". Die Sommer-Frau darf zwar ein intimes, aber kein schwüles Parfüm wählen. Ideal: „Anais Anais" von Cacharel.

Warme Naturtöne, erdige Farben, ein leuchtender Rot-Gold-Schimmer – das ist der richtige Rahmen für den Herbst-Typ. Alle Farben, die einer Herbst-Frau ungeheuer gut stehen, bringt auch die Natur im Herbst hervor: Das warme Gold, das leuchtende Gelb und das dunkle Rot der Wälder, das erdige Braun des fallenden Laubs und das satte Grün der Nadelbäume.

Der Herbst-Typ

So sieht ein Herbst-Typ aus

Herbst-Frauen können sehr unterschiedlich aussehen. Manche sind rothaarig, andere extrem dunkelhaarig, wieder andere blond. Ihr Teint kann sehr hell, aber auch fast bronzefarben sein. Manche Herbst-Frauen halten sich zunächst für einen Sommer-Typ, andere – besonders wenn sie einen fast olivfarbenen Teint und sehr dunkle Haare haben – rutschen leicht in die Winter-Palette. Möglich, daß ihnen sogar die eine oder andere kühle Farbe ganz gut steht. Doch erst die warmen Herbst-Töne bringen ihre Schönheit voll zur Geltung.

Charakteristisch für eine Herbst-Frau ist der gelblichgoldene Unterton ihrer Haut. Das trifft auf alle Vertreterinnen der Herbst-Palette zu, egal, wie hell oder wie dunkel der jeweilige Hautton ist: ob elfenbein- oder pfirsichfarben, beigegold oder bronzefarben. Viele Herbst-Frauen wirken leicht blaß, ihr Teint ähnelt dem der Frühlings-Frauen. Doch während eine Frühlings-Frau häufig rosa überhauchte Wangen hat, fehlt dieses Merkmal bei den Herbst-Frauen völlig. Vielen Herbst-Frauen gemeinsam sind die Sommersprossen, die ihnen aber in der Regel ausgezeichnet stehen.
Auch ihr Haar hat immer einen warmen, goldenen Schimmer. Die Farbpalette reicht von Blond über Rotblond, von Kastanienbraun über Karottenrot bis zu Braun oder sogar Aschblond. Auch viele Sommer-Frauen sind aschblond, doch findet man in ihren Haaren keinen warmen Glanz, sondern der Ascheton dominiert.
Viele Herbst-Frauen waren als Kind blond und sind im Erwachsenenalter nachgedunkelt. Wenn sie grau werden,

Was an anderen Frauen dunkel und schwer wirkt, bringt Uli zum Strahlen. Ihr stehen die braunen Töne, das herzhafte Bordeauxrot und die goldenen Glanzlichter. Uli ist eine Herbst-Frau wie aus dem Bilderbuch.

macht sie das in der Regel sehr attraktiv; nur einige rothaarige Herbst-Typen haben ein leicht gelbliches Grau, das nicht so vorteilhaft ist.

Gerade unter den Herbst-Frauen findet man oft üppige, hinreißende Schönheiten. Rothaarige Herbst-Typen mit einer Haut, die leicht einen goldenen Bronzeton annimmt, strahlen soviel Intensität aus, daß man sie einfach immer wieder anschauen muß. Ihr Haar, oft eine neiderregende Löwenmähne, hat einen warmen, rot glühenden Glanz, ihre Augen irritieren, weil sie so intensiv sind. Viele Herbst-Typen lassen sich schon an ihren Haaren eindeutig erkennen; es gibt aber auch Frauen unter ihnen, die so dunkles, fast schwarzes Haar haben, daß sie oft fälschlich der Winter-Palette zu-

Test: Die Checkliste für den Herbst-Typ

Lesen Sie sich die folgenden Fragen genau durch, und kreuzen Sie alle Merkmale, die auf Sie zutreffen, an.

1. *Hat Ihre Haut einen leicht beigegoldenen Schimmer?* ☐
2. *Ist Ihr Teint elfenbeinfarben?* ☐
3. *Haben Sie reichlich Sommersprossen?* ☐
4. *Bekommen Sie leicht einen Sonnenbrand?* ☐
5. *Ist Ihr Teint pfirsichfarben?* ☐
6. *Wirken Sie oft ein bißchen blaß?* ☐
7. *Hat Ihr Haar einen rötlichgoldenen Schimmer?* ☐
8. *Waren Sie als Kind blond?* ☐
9. *Haben Sie rotes Haar (von Kupfer bis Karotte)?* ☐
10. *Falls Ihr Haar aschbraun oder aschblond ist: Hat es dennoch einen warmen Glanz?* ☐
11. *Entdecken Sie in Ihren Augen ein warmes, intensives Leuchten?* ☐
12. *Haben Sie grüne Katzenaugen?* ☐
13. *Sind Ihre Augen topas- bis bernsteinfarben?* ☐
14. *Falls Sie blaue Augen haben: Strahlen sie in Hell-, Petrol- oder Stahlblau?* ☐
15. *Haben Sie manchmal den Eindruck, daß Ihre Augen regelrecht glühen?* ☐

Haben Sie alle Fragen der Checkliste beantwortet? Wenn Sie in den meisten Fällen zustimmen konnten, dann sind Sie höchstwahrscheinlich ein Herbst-Typ. Gewißheit bekommen Sie mit einem Farbtest.

Auf diesem Foto ist Uli ungeschminkt. Man erkennt den beigegoldenen Schimmer ihres Teints, ihr deutlich rötlich glänzendes Haar. Schön sind ihre Augen, die in einem warmen, intensiven Graugrünton leuchten.

geordnet werden. Gerade bei ihnen zeigt sich erst in einem sorgfältigen Farbtest, daß die kalten, klaren Farben des Winters für sie zu eisig sind und erst die erdigen Töne des Herbstes ihnen wirklich entgegenkommen.

Die Augen einer Herbst-Frau sind besonders schön. Sie leuchten topasfarben oder goldbraun, manche sind intensiv dunkelbraun. Oft haben braunäugige Herbst-Frauen kleine gelbliche Strahlen in der Iris, helle Sterne, die die Augen unvergeßlich machen. Es gibt aber auch grünäugige Herbst-Frauen mit sogenannten Katzenaugen, die irritierend intensiv wirken. Manchmal findet man Herbst-Typen mit blauen Augen, die von Hellblau bis Stahlblau schimmern können.

Eine Herbst-Frau, deren Schönheit vor allem von ihren glühenden Augen kommt, ist übrigens Sophia Loren. Auch die amerikanische Schauspielerin Katharine Hepburn soll ein Herbst-Typ sein.

Die idealen Farben für den Herbst-Typ

Herbst-Frauen sind wirklich zu beneiden. Ihre Farbpalette ist einfach wunderschön: volle, warme Töne, erdige Farben, satte, goldene Nuancen voller Leuchtkraft.

Stellen Sie sich vor, Sie gehen an einem sonnigen, warmen Oktobertag im Wald spazieren. Sie müssen sich nur umschauen und die Umgebung auf sich wirken lassen – und schon haben Sie die natürliche Zusammenstellung Ihrer Farben. Die Sonne hat einen goldenen Ton (und nicht mehr den grellen Gelbstich des Hochsommers), das Laub hat sich gefärbt und leuchtet in Gelb, Rot und Braun. Die Nadelbäume wirken in diesem leuchtenden Farbreigen sehr dunkelgrün, der Boden hat die unterschiedlichsten Brauntöne.
Aus diesen Farben setzt sich der größte Teil der Herbst-Palette zusammen. Und das heißt: Grelle, knallige, kalte Farben sind nichts für eine Herbst-Frau. Die kühlen, klaren Töne, die einer Winter-Frau hervorragend stehen, machen einen Herbst-Typ unattraktiv. Shocking Pink, Tiefblau, Tiefviolett – unmögliche Farben für die Herbst-Frau.

Alle Farben der Sommer-Palette sehen an einer Herbst-Frau fade, langweilig und unattraktiv aus. Die pudrigen Pastelltöne, die dem Sommer-Typ so fabelhaft stehen, verblassen vor den intensiven Farben des Herbstes. Denken Sie an ein zartes Altrosa oder an sanftes Himmelblau. An einer Sommer-Frau wirken sie edel und feminin, an einer Herbst-Frau albern und kindlich. Stellen Sie sich ein kühles Lavendel vor – eine ideale Farbe für den Sommer, eine Antifarbe für den Herbst. Dasselbe gilt für Kornblumenblau, Enzianblau oder das dunkle Violett einer blühenden Bougainvillea. Hier gilt: Diese Blumen gehören dem Sommer.
Auch die klaren, satten Frühlings-Farben sind für den Herbst-Typ nicht ideal. Sie gehören zwar auch zu den warmen Farben, es fehlt ihnen aber die reiche, erdige Fülle.

Das sind Ihre Farben:

Braun

Eine Herbst-Frau kann eigentlich alle Brauntöne tragen: ein ganz dunkles Schokobraun, aber auch Bronze, Camel, Goldbraun, ein rötliches Mahagonibraun, ein Rostbraun, ein Karamelbraun, ein Kakaobraun – jede dieser Nuancen sieht an einer Herbst-Frau beneidenswert aus. Was ihr nicht steht, ist ein kühles Graubraun, das eine Sommer-Frau tragen kann.

Beige

Toll ist ein warmer Champagnerton, aber der Herbst-Frau steht auch ein ganz helles, cremiges Beige. Vorsicht bei Beigetönen, die rosa oder grau unterlegt sind. Sie sind der Sommer-Frau vorbehalten und machen den Herbst-Typ fahl und blaß.

Gelb

In Gelb dürfen Sie schwelgen. Möglich sind alle Nuancen von sonnigem Goldgelb, über Maisgelb und Senfgelb bis zum Gelb der Sonnenblumen. Wichtig ist, daß der Gelbton immer warm und golden ist. Ein kühles Zitronengelb paßt nicht zu Ihnen.

Rot

Zur Herbst-Palette gehören alle warmen Rotnuancen wie Tomatenrot, Zinnoberrot, Geranienrot, Hummerrot. Alle bläulich unterlegten Rottöne wie Himbeerrot oder Kirschrot kommen für den Herbst-Typ nicht in Frage.

Rosa

Selbstverständlich kann eine Herbst-Frau auch Rosa tragen. Aber: Der Farbton muß warm und voll sein. Möglich ist beispielsweise ein Lachsrosa oder ein warmes Altrosa.

Pink

Das ist eine Farbe, die Ihnen überhaupt nicht steht. Pink ist für Sie viel zu knallig, zu kalt, zu intensiv. Überlassen Sie alle Pinknuancen am besten den Sommer- und Winter-Frauen.

Grün

Kein anderer Farbtyp hat eine so große und schöne Auswahl an Grünnuancen. Von sattem Moosgrün über volles Erbsengrün, von Apfelgrün bis hin zu dunklem Tannengrün kann eine Herbst-Frau alles tragen. Ihr stehen auch Oliv und Khaki. Schön ist ein dunkles Türkis. Alle blaustichigen Grüntöne sehen an einer Herbst-Frau nicht ideal aus. Dazu gehört beispielsweise ein tiefes Seegrün oder ein reines Jadegrün.

Blau

Eine schwierige Farbe für Herbst-Frauen. Viele Blaunuancen kommen nicht in Frage. Ein kräftiges, kompromißloses Petrol steht Herbst-Frauen hervorragend, dasselbe gilt für ein dunkles Lapisblau. Marine, Königsblau, Jeansblau, Wasserblau, Enzianblau – lauter Töne, die für eine Herbst-Frau zu kühl sind.

Orange

Eine Superfarbe für Sie! Keine Frau sieht in Orange so gut aus wie ein Herbst-Typ. Ihnen steht sowohl ein volles, reifes Orange als auch das zartere Apricot.

Weiß

Ein reines, schneeiges Weiß geht gar nicht, möglich ist ein Cremeton, von Elfenbein bis Sahneweiß.

Schwarz

Um diese Farbe sollten Herbst-Frauen besser einen großen Bogen machen. In ihrer Palette ist Schwarz gar nicht vorhanden. Zu Recht, denn es steht einer Herbst-Frau nicht.

Alle kalten Farbtöne, aber auch Pastell schmeicheln einer Herbst-Frau nicht. Sie braucht üppige, warme, leuchtende Farben, zum Beispiel Orange, Petrol, Grün.

Farbtest: So finden Sie Ihre Herbst-Palette

Im Grunde sind Sie bereits kurz vor dem Ziel. Sie haben die Checkliste überwiegend mit Ja beantwortet, die wichtigsten Merkmale des Herbst-Typs treffen auf Sie zu. Sie haben die idealen Farben der Herbst-Frau kennengelernt, aber Sie wissen noch nicht mit letzter Sicherheit, ob Sie tatsächlich eine Herbst-Frau sind. Der Farbtest hilft Ihnen weiter.

Das Prinzip ist bei allen vier Farbtypen das gleiche. Sie brauchen möglichst viele Stoffteile, Handtücher, Kleidungsstücke, Chiffontücher oder was auch immer in unterschiedlichen Farben. Toll, wenn Sie möglichst viele Nuancen in Ihren idealen Farben finden, aber auch zum Vergleich eine Reihe anderer Töne.

Achten Sie darauf, daß Sie jede Farbe, die Sie ausprobieren, auch richtig zuordnen. Das heißt, Sie müssen sich darüber im klaren sein, ob Sie einen warmen oder einen kalten Farbton testen, ob die Farbe beispielsweise einen Gelbstich oder einen Blaustich hat.

Machen Sie den Test nur bei schattenlosem Licht (Nordfenster!). Sonne beeinflußt die Farben, und auch bei Kunstlicht verändern sich die Nuancen. Tragen Sie beim Test ein farbneutrales T-Shirt oder besser sogar nur einen BH. Dann können Sie sich die Stoffe um Hals und Schultern drapieren, ohne daß ein anderes Kleidungsstück stört.

Schminken Sie Ihr Gesicht bitte ab, Make-up würde das Ergebnis verfälschen. Wenn Ihr Haar getönt oder gefärbt ist, binden Sie es straff aus dem Gesicht.

Wenn Sie sich beim Einschätzen und Vergleichen der Farben allein sehr unsicher fühlen, bitten Sie eine Freundin, Ihnen beim Farbtest zu assistieren. Das macht Ihnen beiden sicher eine Menge Spaß und manche Entscheidung vielleicht leichter. Der Nachteil: Die Erfahrung zeigt, daß man sich intensiver auf sich selbst besinnen kann, sich besser auf die Veränderungen im Gesicht einläßt, wenn man den

Test allein macht. Ob Sie Ihren Partner als Assistenten zum Farbtest bitten, ist eine Entscheidung, die Sie für sich treffen müssen. In der Regel gehen Männer erst mal scherzhaft und ironisch mit der ganzen Sache um, später möchten sie meist selbst wissen, welcher Farbtyp sie denn sind.

Schokoladenbraun sieht super aus

Beginnen Sie mit unterschiedlichen Brauntönen. Legen Sie sich ein warmes, dunkles Schokoladenbraun vorn um die Schultern, und beobachten Sie Ihr Gesicht. Sehen Sie nicht auf die Farbe bzw. auf das Stück Stoff, sondern immer nur auf Ihre Haut, Ihre Augen, Ihre Konturen. Können Sie schon eine Wirkung entdecken? Macht Sie das dunkle Braun fahl? Oder harmoniert es mit Ihrem Gesicht? Paßt es zu Ihren Augen? Fühlen Sie sich mit dieser Farbe wohl? Lassen Sie sich Zeit. Gerade am Anfang werden Sie die Veränderungen nicht auf Anhieb sehen. Warten Sie ein paar Minuten, bevor Sie zur nächsten Farbe übergehen.

Lassen Sie sich nicht von den Farben ablenken, sondern beobachten Sie Ihren Teint, Ihre Augen, die Gesichtsform, die Nase, die Lippen.

Bronze bis Honig: Alles ist möglich

Falls Sie ein rosa unterlegtes Braun in Ihrer Sammlung haben, können Sie damit den Gegentest antreten. Schokoladenbraun ist Ihre Farbe – vorausgesetzt, Sie sind eine Herbst-Frau –, ein kühles Braunrosa dagegen steht allenfalls einer Sommer-Frau.
Ein rötliches Braun – zum Beispiel ein Mahagoniton – müßte Ihnen entgegenkommen. Probieren Sie es aus. Alle warmen Brauntöne von Bronze bis Honig gehören in Ihre Palette.

Der Erfolg Ihres Farbtests hängt von möglichst vielen Farbvergleichen ab. Wiederholen Sie deshalb auch immer mal wieder eine Farbe, rufen Sie sich ihre Wirkung ins Gedächtnis, und treten Sie dann mit einem anderen Ton den Gegenbeweis an.

Klatschmohnrot – eine tolle Farbe

Gehen Sie zu Rot über. Ideal ist es, wenn Sie ein Rot so leuchtend wie Klatschmohn haben. Was sagt Ihnen Ihr Spiegelbild? Glühen Ihre Augen warm und intensiv? Wirken Ihre Züge weicher, gesünder, aufgeweckter? Wenn ja, haben Sie die richtige Herbst-Farbe getroffen.

Den Gegenbeweis können Sie mit einer Schockfarbe antreten. Ein knalliges Pink wird Ihnen jetzt auf Anhieb klarmachen, daß Ihnen kalte Farben nicht stehen – es sei denn, Sie sind in die falsche Farbpalette gerutscht, halten sich irrtümlich für einen Herbst-Typ, sind aber eine Winter-Frau. Ein Herbst-Typ und Pink – das sind zwei unvereinbare Gegensätze. Pink läßt Sie fahl, fast krank aussehen.

Testen Sie kühle und warme Farben immer im Wechselspiel. So wird Ihnen am leichtesten klar, welche Farben Ihnen entgegenkommen.

Haben Sie Stoffe oder Tücher in Rosa gefunden? Dann probieren Sie doch einmal ein pastelliges, kühles Rosa aus. Sie finden, es wirkt an Ihnen wie ein Babyrosa? Und Sie fühlen sich in diesem Farbton absolut unwohl? Kein Wunder, dies ist eine Farbe, mit der Sie sich auch gar nicht anfreunden müssen.
Wenn Ihnen ein Rosaton steht, dann allerhöchstens ein warmes Lachsrosa. Aber auch da kommt es ganz auf Ihre natürlichen Farben an. Ein dunkler Herbst-Typ mit einem Bronzeteint wird mit Rosa nicht klarkommen, eine zartere Herbst-Frau mit hellerem Kolorit dagegen schon eher.

Zitronengelb gehört zum Sommer

Wie wär's mit einem Versuch in Gelb? Probieren Sie ein sattes, volles, warmes Sonnenblumengelb aus, ein Gelb wie auf einem Bild von van Gogh. Wie fühlen Sie sich damit? Diese Farbe paßt so gut zu einer Herbst-Frau, daß Sie bei Ihrem Anblick eigentlich gute Laune bekommen müßten. Beobachten Sie die Auswirkungen auf Ihr Gesicht. Das Gelb bringt Ihre Augen zum Leuchten, glättet kleine Unebenheiten, lenkt den Blick von Schönheitsfehlern weg.

Die Farbpalette zeigt Ihnen Ihre idealen Farben. Allen ist eines gemeinsam: Sie sind erdig, üppig, intensiv und leuchtend.

Ein kühles pastelliges Zitronengelb, wie es einer Sommer- und auch einer Winter-Frau steht, schmälert Ihre positive Ausstrahlung. Zitronengelb ist der einzige Gelbton, den Sie als Herbst-Frau nicht tragen können. Diese Nuance ist für Sie eindeutig zu kühl.

Schön ist Tannengrün

Ihre Grünpalette ist breit gefächert, Sie können sich zum Testen verschiedene Grünnuancen aussuchen: zum Beispiel ein ganz dunkles Moos- oder Tannengrün. Oder auch einen Olivton. Alle drei Nuancen kommen Ihnen entgegen, unterstreichen Ihren natürlichen Charme. Ihr Teint schimmert goldener, selbst kleine Hautunreinheiten treten zurück. Ihre Augen strahlen ganz intensiv, ihr Mund wird betont, er wirkt voller, erotischer.

Marineblau macht blaß

Drapieren Sie statt dessen ein Stück Stoff in dunklem Marineblau um Hals und Schultern. Sehen Sie den Unterschied? Marine nimmt das Leuchten aus Ihren Augen; falls Sie Mitesser oder Pickelchen haben, werden sie jetzt deutlicher zu sehen sein. Marineblau gehört nicht in Ihre Farbpalette: Es macht eine Herbst-Frau unschön, bringt dafür aber die Winter-Frau blendend heraus.

Meiden Sie Dunkelblau und konzentrieren Sie sich statt dessen auf Grün. In Grüntönen dürfen Sie geradezu schwelgen.

Orange ist eine starke Farbe

Ein sattes Orange läßt Sie dagegen triumphieren. Was kein anderer Farbtyp tragen kann, bringt Ihre Schönheit voll zur Geltung. Falls Sie diese Farbe immer gemieden haben, werden Sie sich jetzt fragen,

warum eigentlich. Schauen Sie sich die Wirkung von einem leuchtenden Orange auf Ihr Spiegelbild in aller Ruhe an. Sie werden überrascht sein.
Herbst-Frauen können sich Orange in allen Variationen und Nuancen leisten: entweder ein warmes Orange mit viel Braun oder ein freches, knalliges Orange, das dem Farbton einer Apfelsine nahekommt, oder auch das sanfte, helle Apricot. Achten Sie beim nächsten Einkauf auf diese Farben. Als Herbst-Frau sehen Sie darin hinreißend aus.
Da der Farbtest die besten Ergebnisse bringt, wenn Sie möglichst viele verschiedene Farben vergleichen können, wäre es toll, wenn Sie auch ein Lila oder ein Violett in Ihrem Schrank finden. Nehmen Sie einen kühlen, sattvioletten Ton, und analysieren Sie die Wirkung der Farbe. Steht Ihnen das Violett? Wie fühlen Sie sich damit? Wird Ihre Haut eine Spur blasser, wirken Ihre Lippen blutleerer? Wenn ja, liegt das an der Kälte des Farbtons. Dunkles Violett können eigentlich nur Winter-Frauen tragen, gelegentlich steht es auch einer Sommer-Frau. Nur zum Vergleich sollten Sie jetzt noch mal ein sattes Orange probieren. Überzeugt?

Schwarz und weiß: viel zu kraß

Zum Schluß noch ein Versuch mit Schwarz und Weiß. Gerade nach dem positiven Test mit Orange wird die Wirkung um so krasser sein. Sowohl Schwarz als auch Weiß machen Ihren Teint blaß und lassen Sie abgespannt und gestreßt aussehen.

Spätestens jetzt ist klar: Sie sind eine Herbst-Frau und sollten künftig auf volle, warme, erdige Farbtöne achten. Vergessen Sie alle Knallfarben wie Pink, Violett oder Tiefblau – auch wenn Sie sich zu diesen Tönen hingezogen fühlen –, die leuchtenden Herbst-Farben stehen Ihnen besser.

Herbst-Frauen: dynamisch und erdverbunden

Die warmen, leuchtenden Farben der Herbst-Palette scheinen vor Leben zu sprühen – ähnlich wie die Herbst-Frau selbst. Sie platzt vor Energie, ist voller Selbstvertrauen und Entschlossenheit.

Herbst-Frauen stehen mit beiden Beinen auf dem Boden. Man sieht: Sie haben die Sache im Griff.

Ein schöner Herbsttag weckt rundum positive Gefühle. Man entdeckt die schönen Seiten des Lebens, ist gut gelaunt, fühlt sich stark, voller Power und kann allen Widrigkeiten des Alltags die Stirn bieten. So zielsicher und energisch wirkt die Herbst-Frau von Natur aus. Sie ist ebenso dynamisch wie die Farben, die zu ihr passen. Wenn sie sich etwas vorgenommen hat, läßt sie sich so leicht nicht mehr davon abbringen. Bedingt durch ihre erdigen Farben, wirkt eine Herbst-Frau erdverbunden. Sie strahlt Sicherheit, Selbstvertrauen und einen unerschütterlichen Optimismus aus.

Auf andere wirken Herbst-Frauen manchmal regelrecht verwegen und wagemutig, und sie laufen in der Tat Gefahr, übers Ziel hinauszuschießen. Das Ungestüme, Stürmische gehört nun mal zum Herbst wie Wärme und Herzlichkeit, die er andererseits vermittelt.

Herbst-Frauen wirken sportlich und nicht so elegant wie zum Beispiel die Winter-Frau. Aber gerade das macht sie auch sympathisch. Bei ihnen fühlt man sich einfach wohl. Sie haben genau die richtige Mischung aus Übermut, Sinnlichkeit und Warmherzigkeit. Die kühle Distanz, die trotz aller femininen Ausstrahlung häufig von Sommer- oder Winter-Frauen ausgeht, fehlt bei einer Herbst-Frau ganz.

Wenn sie irgendwo Probleme entdeckt, dann nur, um sie möglichst schnell aus dem Weg zu räumen. Sie läßt sich grundsätzlich nicht entmutigen, bleibt mit beiden Füßen auf dem Boden und versprüht Lebensmut. Durch ihr perfektes Organisationstalent sind Herbst-Frauen auch im Beruf häufig auf der Siegerseite. Der Nachteil: Unangenehme Arbeiten bleiben oft an ihnen hängen.

Im Gegensatz zur ätherischen Zerbrechlichkeit der Frühlings-Frauen wirken Herbst-Frauen eher robust. Sie kann eben nichts (oder nur wenig) erschüttern.

Wie der Herbst sind sie oft stürmisch und ungestüm, dann wieder warm und anschmiegsam.

Die richtige Mode für die Herbst-Frau

Herbst-Frauen sollten zu ihrer natürlichen Ausstrahlung stehen. Strenge Eleganz, pures Design ist nicht das richtige für sie. Herbst-Frauen dürfen in der Mode sinnlich sein.

Eigentlich sollte eine Herbst-Frau beim Einkaufen keine Probleme haben. Ihre schwelgerischen, satten Farben sind im Übermaß vorhanden und ziehen sogar das Auge wie magisch an. Trotzdem: Entweder man kennt seine idealen Farben nicht (so geht es der Mehrzahl der Frauen), oder man fühlt sich zu den Tönen anderer Farbtypen hingezogen – Fehlkäufe sind nun mal an der Tagesordnung. Oder besser gesagt: waren an der Tagesordnung. Denn wer seine idealen Farben erst mal ausgetestet hat, wird automatisch nur noch nach seiner Palette schauen und damit garantiert den richtigen Griff tun.

Uli trägt eine Farbe, die ihr – und jeder anderen Herbst-Frau – phantastisch steht: ein dunkles, aber intensives Tannengrün. Schön, edel und sogar festlich wirkt die Bluse durch die Transparenz.

Es lohnt sich, den Inhalt des Kleiderschranks auf bestimmten Grundfarben aufzubauen, die dann nach Lust und Laune mit anderen Farbtönen kombiniert werden. Teure Anschaffungen wie Kostüme, Hosenanzüge, Blazer kauft man besser in einer der Grundfarben, den Rest kann man aus allen anderen Nuancen zusammenstellen.

Als Grundfarben aus der Herbst-Palette bieten sich zum Beispiel an:

- Ein warmes Cremeweiß
- Ein intensives Rostrot
- Ein dunkles Flaschengrün
- Ein leuchtendes Orange
- Ein mittlerer Camelton.

Wenn Sie ein sehr heller Herbst-Typ sind, testen Sie auf jeden Fall aus, ob Ihnen die intensiven Farben Ihrer Palette

besser stehen oder doch die etwas abgeschwächten wie Apricot oder Lachsrosa.

Die Grundfarben können Sie mit allen anderen Tönen Ihrer Palette mischen, zum Beispiel mit:

- Einem satten Petrol
- Einem klaren Tomatenrot
- Einem dunklen Mauve.

Was Sie in Ihrer Freizeit tragen können

Großes Foto: Warmes Braun in allen Variationen bei einer Herbst-Frau kommt immer gut an. Dazu paßt eine unkomplizierte Mode – lange Röcke, weite Pullis. Kleines Foto: Selbst wenn es etwas gediegener sein soll, können sich Herbst-Frauen eine im Grunde lässige Mode gut leisten.

Eine Herbst-Frau sieht immer dann gut aus, wenn die Mode nicht zu streng ist. Eine klare, pure, schnörkellose Designerlinie ist nichts für sie. Aber auch romantisch-verspielt und betont weiblich paßt nicht so ganz zu ihr. Am schönsten sind sportliche Sachen in erdigen Tönen, ihr steht auch Safari-Look hervorragend. Schon die Farben (zum Beispiel Oliv, Khaki, Braun, Beige) bringen eine gewisse Lässigkeit ins Spiel, wirken nicht steif und korrekt, sondern sehen warmherzig, phantasievoll und ein bißchen ländlich aus.
Wie der Sommer-Frau steht auch einer Herbst-Frau der Country-Stil ideal, also eine unkomplizierte Mode, die zwar üppig, aber nicht allzu romantisch ausfallen darf. Weite Röcke in sattem Tannengrün, sportliche Blazer und Reithosen, derbe weite Pullover – in diesen Sachen sehen Herbst-Frauen phantastisch aus.

Was Sie im Büro gut tragen können

Auch im Beruf stehen Ihnen sportliche, natürliche Sachen am besten. Achten Sie immer auf die richtigen Farben – das unterstreicht Ihre positive Ausstrahlung und Ihre Dynamik. Aber: Wählen Sie nicht gerade die leuchtendsten Farben Ihrer Palette. Wenn Sie neben Ihrer Power auch noch überlegte Seriosität vermitteln wollen, eignen sich die etwas gedämpfteren Töne besser. Ein Kostüm in einem dunklen Grün, Tannengrün oder Moosgrün, ein Hosenanzug in einem rötlichen Braunton oder ein cremefarbener Blazer und eine sattbraune oder auch grüne Hose – all das steht einer Herbst-Frau hervorragend.

Das können Sie abends tragen

Am Abend dürfen Sie strahlen und leuchten! Das heißt, es sind alle intensiven Farben Ihrer Palette erlaubt. Das kann ein intensives Petrol sein, ein glänzendes Rostrot, ein glühendes Bordeauxrot, ein knalliges Orange oder aber direkt ein satter Goldton. Jede Farbe darf ruhig einen Schimmer wie mit Gold überstäubt haben. Jeden anderen Farbtyp würde das überstrahlen, für eine Herbst-Frau ist Gold gerade der richtige Rahmen. Ihr Abend- oder ihr Cocktailkleid muß nicht leicht unterkühlt wirken, wie es der eleganten Winter-Frau besonders gut steht. Ein üppiges, sinnliches Kleid, dem man sogar einen Hauch verwegenen Modemut ansehen kann, sieht an einer Herbst-Frau einfach hinreißend aus.

Keine Angst vor einer üppig-verwegenen Mode. Eine Herbst-Frau darf bei allem etwas mehr zulegen als die anderen. Ihre Farben leuchten stärker, ihre Muster sind wilder, ihre Linie wirkt phantasievoller.

Muster für die Herbst-Frau

Kein anderer Typ kann so in Mustern schwelgen wie der Herbst-Typ. Die erdigen, warmen Töne seiner Farbpalette sind für Muster wie gemacht.
Wilde Dschungelmuster, Tiger- oder Leopardendruck, Lianen, Hölzer, archaische Wälder – der Herbst-Frau stehen sogar Mu-

ster, die an jeder anderen Frau überladen und deplaziert wirken. Solange die Farbtöne stimmen, kann das Muster gar nicht phantasievoll genug sein.
Zu einer Herbst-Frau passen Safari-, Western- und Country-Stil – und eben auch die entsprechenden Muster. Auch Folkloristisches sieht an ihr ungeheuer gut aus. Sie kann sich derbe braun- und beigegemusterte Norwegerpullis, irische Zopfmuster und sogar Alpenfolklore leisten. Trachtenkostüme in dunklem Grün sehen an ihr hervorragend und gar nicht spießig aus. Tweed-Blazer, Schottenkaros, erdfarbene Reithosen aus Cord – eine Herbst-Frau kommt in dieser Mode blendend raus.

Aber auch Wildseide, Bouclé und Leder jeglicher Art passen zu ihr. Herbst-Frauen können mit Stilen und Modetrends spielen wie kaum eine andere. Mal ganz sinnlich im langen golddurchwirkten Seidenkleid, mal natürlich im dicken Zopfpulli, mal verwegen in Wildleder, Westernstiefeln und Fransenjacke.

Khaki, Beige, Oliv – alle Facetten des Safari-Stils schmeicheln der Herbst-Frau. Uli trägt eine sportliche Jacke in einem warmen Beige, die Hemdbluse ist streng, die Krawatte auffällig gemustert.

Das richtige Make-up für den Herbst-Typ

Auch beim Make-up heißt es: Alle kühlen, bläulich unterlegten Farbtöne meiden. Schön ist ein natürliches Make-up in erdigen Farben.

Mit nur ganz wenig Make-up kann sich eine Herbst-Frau enorm verändern. Sie betont mit einer Spur von Grundierung und Lippenstift ihre natürliche Schönheit oder verwandelt sich mit etwas mehr Make-up in eine Königin der Nacht.

Manche Herbst-Frauen brauchen nur einen Hauch von Make-up – und sie sehen beneidenswert gut aus. Ihnen steht es, wenn sie sich ganz zurückhaltend Ton in Ton schminken, auf laute Farben ganz verzichten und so ihre eigenen natürlichen warmen Farben zur Geltung bringen.

Eine Herbst-Frau, die sich die Lippen in knalligem Pink schminkt, macht einen Riesenfehler. In ihrem Gesicht leuchtet dann nur noch die Schockfarbe. Jedes natürliche Strahlen wird verdeckt.

Grundierung: nur ein Hauch

Eine Herbst-Frau mit hellem Teint und schöner Haut braucht nur eine Spur von Grundierung, am besten in einem Elfenbein- oder zartgelben Pfirsichton. Wichtig ist, daß die Grundierung beigegelblich unterlegt ist. Wenn Sie ein Make-up brauchen, das mehr zu Pfirsichrosa tendiert, achten Sie darauf, daß Sie keinen Fehlkauf tätigen und aus Versehen ein Rosa mit einem bläulichen Unterton erwischen. Prüfen Sie den Make-up-Ton bei Tageslicht, und lassen Sie sich nicht von der Verkäuferin überreden, ein Make-up zu kaufen, das Ihren Teint in ein falsches Licht rückt. Und: Eine zart flüssige Grundierung ist für Herbst-Frauen am besten geeignet.

Grosses Foto:
Uli ist zurückhaltend
n ihren idealen Farben
eschminkt: Ganz we-
ig Grundierung, ein
räunliches Augen-
Make-up, ein warmer
ostroter Lippenstift.
Kleines Foto:
Mit anderer Frisur
nd intensiverem
Make-up wirkt sie mon-
däner, zurechtge-
macht für den grossen
uftritt am Abend.

Rouge: von Orange bis Terrakotta

Im Gegensatz zur Frühlings-Frau, die warme, aber helle, klare Töne braucht, darf die Herbst-Frau beim Rouge zu dunklen, erdigen Nuancen greifen. Schön ist ein sattes Terrakotta oder ein anderer rötlichbrauner Farbton. Wenn es etwas heller sein soll, eignet sich am ehesten ein Rouge, das leicht ins Orange geht. Ein leuchtendes Orange ist meist zu intensiv.

Augen-Make-up: von Kupfer bis Aubergine

Natürlichkeit ist Trumpf – ein dramatisches Augen-Make-up ist daher des Guten zuviel. Braunäugige Herbst-Frauen sehen phantastisch aus, wenn sie ihre Augen zum Beispiel mit erdigen Brauntönen, Kupfer- oder Goldnuancen schminken. Möglich ist aber auch ein zartes Grün, das sogar ganz leicht ins Oliv gehen kann. Herbst-Frauen mit hellen topas- oder bernsteinfarbenen Augen dürfen den Lidschatten etwas heller wählen, eher ein dunkles Beige oder ein Pfirsichrosa.

Beim Thema Lidschatten haben Herbst-Frauen eine große Auswahl. Ihre Farbpalette reicht von hellen Champagnertönen bis hin zu dunklem Oliv, Aubergine oder Flaschengrün. Je nach Augenfarbe dürfen Herbst-Frauen in satten Tönen schwelgen.

Rouge gibt es in unterschiedlicher Konsistenz: als Puder, als Creme, flüssig oder als Schaum. Probieren Sie aus, mit welchem Rouge Sie am besten klarkommen. Für alle, die Rouge nur als transparenten Hauch auf den Wangen haben möchten: Mit Puderrouge gelingt das besonders leicht.

Grünäugige Herbst-Frauen sehen mit einem braungrünen Augen-Make-up schön aus, und blauäugige Herbst-Typen haben die Wahl zwischen einem Pfirsichton, Aubergine oder Petrol.

Der Herbst hat besonders schöne Lidschattenfarben, die viele Frauen wie magisch anziehen. Das warme Lachsrosa, das geheimnisvolle Oliv, das satte Braun, das sandige Beige, das dunkle Aubergine – lauter Farben, die einen ins Träumen geraten lassen. Das Gemeine an der Sache: Sobald beispielsweise eine Sommer-Frau einen olivfarbenen Lidschatten wählt, verliert die Farbe ihr Charisma, das Augen-Make-up wirkt mißlungen. Auch Winter- und Frühlings-Typ können die satten, vollen Herbst-Farben nicht tragen.

Der Lidstrich darf braun, oliv, marineblau und sogar türkis sein. Achten Sie darauf, daß er mit Ihrer Augenfarbe harmoniert.

Toll sieht es aus, wenn dunkle Lidschatten (Aubergine, Braun oder Oliv) mit zarteren Tönen aufgehellt werden. Herbst-Frauen mit braunen Augen können zum Beispiel kaffeebraunen Lidschatten mit Elfenbein kombinieren oder Bronze mit einem warmen Goldgelb. Blauäugigen Herbst-Frauen steht rötliches Kupfer, aufgehellt mit Pfirsichgelb, oder ein intensives Lapisblau, mit Champagner gemildert. Herbst-Frauen mit grünen Katzenaugen dürfen Olivgrün mit Pfirsichgelb mischen oder Goldbraun mit einem warmen Hellgrün.

Dazu paßt braune Wimperntusche – von ganz Dunkelbraun, fast Schwarzbraun, bis hin zu einem helleren Ton. Farbige Wimperntusche ist in diesem Fall des Guten zuviel, die Augen wirken dann zu bunt. Wer einen Lidstrich ziehen will: Braune Töne sehen am besten aus, am Abend kann es aber auch mal ein goldener Lidstrich sein.

Ein Herbst-Typ mit hellen Haaren sollte beim Lippenstift besser zu gedämpften Tönen greifen. Schön sind Pfirsich, Zimt, Honig.

Wer seine Lippen ungern rot schminkt, sondern sie nur mit Glanz betonen möchte, braucht lediglich einen Lip gloss. Herbst-Frauen steht ein sanft transparenter Gloss ungeheuer gut.

Lippenstift: von Ziegelrot bis Lachs

Dunkelrote Lippenstifte sind nicht in der Herbst-Palette enthalten. Wer Orange und Braun nicht mag – möglich ist auch ein Aubergineton, der aber die Grenze zum Blaustichigen nicht überschreiten darf.

Die Herbst-Palette enthält einige wunderschöne Lippenstiftfarben: schimmerndes goldenes Braun, knalliges Orange, erdiges Terrakotta, intensives Tomatenrot, leuchtendes Ziegelrot. Probieren Sie aus, ob Ihnen die leuchtenden oder eher die etwas zurückhaltenderen Töne stehen. Sie dürfen Ihren Mund ruhig intensiv schminken, aber die Lippen sollten immer einen warmen Schimmer haben. Und das heißt: Pink, Himbeerrot, Lila und kühles Brombeerrot sind für Herbst-Frauen tabu.

Am Lippenstift sehen Sie am ehesten, ob Sie eine falsche Farbe gewählt haben. Ihr Mund sieht dann richtig unnatürlich aus, die Farbe knallt viel zu sehr, häufig schmiert der Lippenstift sogar, die Konturen kommen nicht sauber heraus. Eine Herbst-Frau, die sich die Lippen in hellem Rosa schminkt, wird ebenso angemalt aussehen wie eine Sommer-Frau mit einem orangefarbenen Lippenstift (der ja wieder einer Herbst-Frau ideal steht). Testen Sie spaßeshalber einen blaustichigen pinkfarbenen Lippenstift oder einen in intensivem Scharlachrot (ein Rot, das die Designerin Paloma Picasso ausschließlich trägt), und Sie werden erstaunt feststellen, wie sehr so ein bißchen Farbe Ihren Typ verändert. Eine Herbst-Frau mit scharlachroten Lippen sieht überschminkt aus, bei einer, die zu Pink gegriffen hat, leuchten zwar die Lippen in Shocking Pink, aber der Teint wirkt fast kränklich blaß. Ganz anders dagegen ein warmes Ziegelrot: Auch diese Farbe ist auffällig und keineswegs dezent, dennoch sieht sie bei einer Herbst-Frau harmonisch und gekonnt geschminkt aus.

Für den Nagellack gilt natürlich dasselbe wie für alle anderen Make-up-Farben: Knalliges Rot und Pink sind nicht geeignet, alle bräunlichen Nuancen dagegen erlaubt.

Die richtige Haarfarbe für den Herbst-Typ

Herbst-Frauen haben, wenn sie mit Farbe experimentieren wollen, eine breite Auswahl. Einzige Bedingung: Der Ton muß rötlich sein.

Über die richtige Frisur braucht sich eine Herbst-Frau mit solchen Haaren keine Gedanken zu machen. Die Wallelocken sehen immer gut aus.

Manche Herbst-Frauen haben das schönste Haar, das man sich vorstellen kann: eine lange, lockige, dichte rothaarige Löwenmähne. An solchen traumhaften Haaren braucht man nichts zu verändern. Im Gegenteil. Jeder Eingriff in die natürliche Pracht wäre absolut überflüssig und falsch. Herbst-Frauen mit weniger beneidenswertem Haar dürfen dagegen mit Tönungen und Farbe spielen. Aber: Die Nuance, mit der die natürliche Haarfarbe verändert wird, braucht einen rötlichgoldenen Schimmer. In Frage kommen alle Farbtöne von Honiggold bis Kupferrot. Schön sind auch rötliche Strähnchen im Haar (aber keine blonden), die wie kleine Glanzlichter wirken. Alle aschigen Haartöne, von Aschblond bis Aschbraun, sind für Herbst-Frauen ungeeignet. Das gilt auch für blaustichige Farben, die allenfalls eine Winter-Frau tragen kann, also zum Beispiel ein Pflaumenblau, ein leichtes Lila, ein Lavendel- oder Fliederton. Wenn Herbst-Frauen tönen und färben, dann eignet sich Henna besonders gut. Dadurch kommen ein Rotstich und außerdem der richtige Glanz ins Haar.

Haare und Frisur sollten immer einen natürlichen, wenn möglich, ruhig auch üppigen Eindruck machen. Alles Gestylte, Kühle ist dem Herbst-Typ fremd. Schön sind freilich lange Naturlocken (wobei man bei den Locken ja auch künstlich nachhelfen kann) oder eine sportlich-natürliche Frisur. Ein strenger Kurzhaarschnitt, der einer Winter-Frau gut steht, ist für eine Herbst-Frau zu hart.

Solch eine Mähne ist typisch für viele Herbst-Frauen: lang, lockig, üppig, rötlich. Bei dieser Pracht mit Farben spielen? Möglich, aber unnötig. Wer doch mehr Farbe ins Haar bringen will, setzt mit roten Glanzlichtern Akzente.

Schmuck und Accessoires

Mit dem richtigen modischen Beiwerk unterstreichen Sie Ihren ganz persönlichen Stil. Wichtig ist, daß auch die Accessoires farblich zu Ihrer Palette passen.

Wunderschöne Spielereien für den Herbst-Typ: lange, üppige Ketten aus Muscheln und Holz, Strohhüte, Schuhe im Safari-Stil und überhaupt viel Folklore.

Ganz klar: Ein Herbst-Typ, der in warmen, erdigen Farben schwelgen darf, kann kein kühles Silber tragen. Möglich, daß Sie schon selbst intuitiv gemerkt haben: Silberschmuck steht Ihnen längst nicht so gut wie Gold. Zu Ihnen passen alle gelblichgoldenen Metalle, neben Gold auch Messing und Kupfer. Platin und Weißgold dagegen kommen nicht in Frage. Toll sehen Sie übrigens auch mit Perlenschmuck aus, aber achten Sie darauf, daß die Perlen keinen rosa Schimmer haben, sondern wirklich cremeweiß sind.

Sind Sie ein Fan von Modeschmuck? Dann haben Sie eine reiche Auswahl. Herbst-Frauen steht zum Beispiel üppiger Holzschmuck, der ganz folkloristisch sein darf, aber auch edle Sachen aus Schildpatt sind für sie wie gemacht. Sie dürfen sogar des Guten zuviel tun und sich regelrecht mit Modeschmuck behängen. Während andere Farbtypen überladen und albern wirken, passen reichlich Ketten, Ringe und lange Ohrgehänge zur sinnlichen, lebensbejahenden Erscheinung des Herbstes.

Auch alle anderen Accessoires – Schuhe, Taschen, Tücher – dürfen bei einer Herbst-Frau einen Hang zum Folkloristischen haben. Was die Farben angeht, so gilt auch hier: warm und erdig. Für Schuhe eignen sich dunkelbraune Töne bzw. warme Beigenuancen. Dasselbe trifft auch auf Handtaschen zu. Mit Tüchern darf die Herbst-Frau nach Lust und Laune spielen. Große, üppige Tücher in den richtigen Farbtönen passen einfach ideal zu ihr.

Die richtige Brille für den Herbst-Typ

Die Brille darf ruhig dunkel sein und auffallen. Bedingung: Sie muß mit Haar, Augen und Teint harmonieren.

Wenn die Farbe stimmt, können Herbst-Frauen sogar große, gemusterte Brillen tragen. Schön und edel sind mattgoldene Gestelle.

Eine üppig-schöne Herbst-Frau kann sich eine große, dunkelbraune Brille problemlos leisten. Aber auch andere erdige Brauntöne stehen ihr. Die Palette reicht von Hellbraun über Terrakotta bis zu Dunkelbraun. Sehr hellen Herbst-Frauen werden dunkle Brillen vielleicht nicht hundertprozentig stehen; sie probieren besser einen gedämpfteren, möglicherweise einen transparenten Ton aus.

Gerade die Brille sollten Herbst-Frauen besonders sorgfältig aussuchen. Ein heller rothaariger Typ braucht selbstverständlich andere Nuancen als eine dunkelbrünette Herbst-Frau. Wieviel Farbe Ihnen steht, hängt auch davon ab, ob Sie Ihre Brille als modisches Accessoire oder als notwendiges Übel betrachten. Je mehr Sie sich zu Ihrer Brille bekennen, desto schicker und pfiffiger wird sie ausfallen. Und damit kommt dann auch die Farbe ins Spiel. Neutral und am unauffälligsten wirken an einer Herbst-Frau Brillen in einem bräunlichen, beigefarbenen oder honiggoldenen Ton. Wem das zu langweilig ist, der kann sogar zu einer auberginefarbenen Brille greifen – auch das sieht toll aus.

Schön sind übrigens auch grüne Brillen für Herbst-Frauen, zum Beispiel ein Schilfgrün, ein Tannengrün, ein Moosgrün. Oder soll die Brille gemustert sein? Auch das ist möglich. Braungetigerte Brillen sehen modisch und schick aus.
Oder lieber eine Metallbrille? Ihnen stehen warme Goldtöne oder Kupfer, aber kein silbriges Metall.

Der richtige Duft für den Herbst-Typ

Würzig, schwer, sinnlich – so sind die idealen Düfte für die Herbst-Frau. Ihr Parfüm darf gehaltvoll, ganz weiblich und durch und durch sinnlich sein.

Ihr ideales Parfüm hat eine orientalische Note. Es ist schwer, aromatisch, üppig, sinnlich, würzig, elegant und erotisch. Es strömt eine warme Weiblichkeit aus und betont die lebensbejahende Ausstrahlung der Herbst-Frau. An anderen Farbtypen wirken so üppig-würzige Düfte fast immer zu schwer und zu süß, sie stechen fast unangenehm in die Nase. Nicht so bei der Herbst-Frau. An ihr duftet das Parfüm natürlich.

Diese orientalischen Düfte enthalten oft Gewürze wie Nelken, Ingwer oder Koriander. Außerdem werden Harze, Zitronenöl oder Orangenöl mit verarbeitet, dazu kommt Patschuli oder Myrrhe. Auch die sogenannten Chypredüfte sind dunkel und geheimnisvoll – und damit für die Herbst-Frau wie geschaffen. Sie alle haben einen intensiven Geruch, der an feuchtes Moos, dunkle Wälder und süße Früchte denken läßt. Ideal für Herbst-Frauen sind auch die Düfte exotischer Hölzer wie zum Beispiel Sandelholz. Und natürlich Ambra, das unter anderem in „Opium" enthalten ist.

Die sicher bekanntesten Düfte für die Herbst-Frau sind „Poison" von Dior und „Opium" von Yves St. Laurent. Aber auch „KL" von Karl Lagerfeld gehört in die Herbst-Palette, ebenso wie „Coco" von Chanel. Parfüms, die Moschus, Ambra, Sandelholz oder Yling-Ylang enthalten, sind für die Herbst-Frau wie geschaffen. Dazu gehören auch „L'Heure Bleue" von Guerlain, „Magie Noire" von Lancôme, „Feminite du Bois" von Shiseido oder „Diva" von Ungaro.

Frische, leichte Düfte wie „Alliage" von Estée Lauder oder „Fidji" von La Roche sind für eine Herbst-Frau zu hell. An ihr wirken sie nichtssagend, während eine Frühlings-Frau diese Düfte gut tragen kann.

Herbst-Parfüms sind schon in der Farbe dunkler, sehen intensiver, würziger, üppiger aus als Sommer- oder Frühlings-Düfte.

Eine Winter-Frau lebt von Kontrasten, die gar nicht hart genug sein können. Knallige Farben, extravagantes Styling, mondänes Make-up – das alles kann sich nur eine Winter-Frau leisten. Ihre Farben sind die eines kalten, eisigen Tages im Dezember: Das Land schneeweiss, der Himmel tiefblau. Winter-Frauen brauchen diese Gegensätze. Und: Sie sind die einzigen, die Schwarz und Weiss wirklich gut tragen können.

Der Winter-Typ

So sieht ein Winter-Typ aus

Viele Winter-Frauen sind wahre Schönheiten. Liz Taylor ist zum Beispiel ein Winter-Typ, auch Geraldine Chaplin oder Audrey Hepburn. Winter-Frauen wirken anziehend, aber auch unnahbar. Sie strahlen Leidenschaft ebenso wie unterkühlten Charme aus, was in erster Linie an ihrer Farbpalette liegt. Denn die ist nun mal so kalt wie keine andere.

Eisige, klare, kontrastreiche Farben – darin sieht eine Winter-Frau am schönsten aus. Verwaschene Nuancen sind nicht ihre Sache, bei Farben macht sie keine Kompromisse.

Charakteristisch für eine Winter-Frau ist ihre oft sehr helle Haut, die aber immer einen leicht bläulichen Unterton hat. Der rosige Schimmer einer Frühlings-Frau fehlt hier völlig. Ohne Make-up wirken diese Frauen leicht blaß, manche sind geradezu von einer durchscheinenden Blässe. Einige Winter-Frauen haben eine olivfarbene Haut – sie halten sich oft fälschlicherweise für einen Herbst-Typ. Der Teint einer Winter-Frau ist zwar in der Regel hell, hat aber keinen makellosen Elfenbeinton. Manchmal werden Winter- mit Sommer-Frauen verwechselt – schließlich haben beide einen zartbläulichen Hautschimmer.

Ein Winter-Typ – es sei denn, er hat eine olivfarbene Haut – wird in der Sonne nicht intensiv braun, sondern reagiert eher mit einem Sonnenbrand. Manche Winter-Frauen bekommen zwar eine zarte Bräune, die meisten behalten jedoch ihren hellen Hautton.

Das Haar einer Winter-Frau ist fast immer sehr dunkel, bei einigen blauschwarz bzw. ganz dunkelbraun. Gerade der Kontrast von heller Haut und schwarzem Haar wirkt an ihr so anziehend. Die ideale Winter-Frau ist ein Schneewittchen-Typ: weiß wie Schnee, schwarz wie Ebenholz, rot wie Blut.

Meike in den Lieblingsfarben der Winter-Frauen (und vieler anderer auch): tiefes Schwarz und klares Rot. Der Kontrast dieser beiden Farben würde einen zarteren Typ erdrücken, Meike steht er hervorragend.

War eine Winter-Frau als Kind blond, dann ist sie als Erwachsene auf jeden Fall sehr stark nachgedunkelt. Blonde Winter-Frauen gibt es so gut wie gar nicht. Typisch sind auch graumelierte oder silbergraue Haare. Winter-Frauen werden in der Regel früh grau, was ihnen aber ausgezeichnet steht. Kaum jemand bekommt so attraktive graue Haare. Wie bei den Sommer-Frauen hat auch das Haar der Winter-Frau einen leicht aschigen Ton.

Winter-Frauen haben in der Regel dunkle Haare, später dann sehr schöne graue. Blonde Winter-Frauen sind ganz selten.

Aber im Gegensatz zu den Sommer-Frauen, die fast durchweg mit ihrer Haarfarbe nicht zufrieden sind und ständig mit Farben experimentieren, sind die meisten Winter-Frauen mit ihrer Haarfarbe zufrieden. Und das mit Recht: Denn wer hat schon von Natur aus dunkle, fast blauschwarze

Test: Die Checkliste für den Winter-Typ

Mit Hilfe der folgenden Fragen können Sie sich an den Winter-Typ näher herantasten. Kreuzen Sie bitte alle Merkmale an, die auf Sie zutreffen.

1. *Haben Sie eine sehr helle, blasse Haut?* ☐
2. *Hat Ihr Teint einen leicht bläulichen Unterton?* ☐
3. *Wenn Sie einen dunklen Teint haben: Ist er leicht olivfarben?* ☐
4. *Werden Sie in der Sonne nur sanft braun?* ☐
5. *Neigen Sie zu bläulichen Augenringen?* ☐
6. *Waren Sie schon als Kind dunkelhaarig?* ☐
7. *Ist Ihr Haar blauschwarz bis dunkelbraun?* ☐
8. *Hat Ihr Haar einen etwas aschigen Ton?* ☐
9. *Falls Sie graue Haare haben: Ist das Haar grau meliert?* ☐
10. *Haben Sie klare, intensive Augen?* ☐
11. *Schauen Sie auf das Weiß Ihres Augapfels: Ist es reinweiß?* ☐
12. *Ist der Kontrast zwischen Augenweiß und Iris deutlich zu sehen?* ☐
13. *Wenn Sie blaue Augen haben: Ist es ein klares, tiefes Blau, ein Eisblau oder ein Veilchenblau?* ☐
14. *Wenn Sie braune Augen haben: Sind Ihre Augen ganz dunkel, schwarzbraun oder haselnußbraun?* ☐
15. *Falls Sie grüne Augen haben: Ist es ein unverfälschtes, intensives Grün?* ☐

Wissen Sie schon, ob Sie eine Winter-Frau sind? Wichtig ist, daß Sie die Checkliste durchgehen. Wenn Sie die Fragen überwiegend mit Ja beantworten können, treffen die entscheidenden Merkmale auf Sie zu.

Auf diesem Foto ist Meike nicht geschminkt. Auch hier kommen ihre natürlichen Kontraste gut zur Geltung: ihr schwarzes Haar, der helle Teint und die dunklen, intensiv braunen Augen.

Haare wie viele Winter-Frauen? Ein „Mausbraun" oder auch ein mausiges Blond, über das so manche Sommer-Frau sich ärgert, gibt's beim Winter-Typ nicht. Ein deutlich rötlicher Schimmer läßt eher auf eine Herbst-Frau schließen. Manchmal bringt die Sonne jedoch rötliche Lichter im Haar einer Winter-Frau hervor. Das liegt wie bei den Sommer-Frauen an Rotpigmenten, die das Haar von Natur aus enthält.

Das Auffälligste an einer Winter-Frau sind ihre Augen. Sie sind leuchtend und intensiv, was vor allem an dem starken Kontrast von Augenweiß und Iris liegt. Im Gegensatz zur Sommer-Frau, deren Augapfel immer etwas milchig-cremig erscheint, hat die Winter-Frau ein klares, reines Augenweiß. Die Farbpalette der Iris reicht von Dunkelbraun über Grün bis Dunkelblau. Typisch ist der unverfälschte Farbton. Die Augen strahlen in einem reinen Blau, in Haselnußbraun oder in einem glasklaren Grün. Braunäugige Winter-Typen haben in der Iris manchmal kleine grüne oder blaue Pünktchen, blau- und grünäugige gelbliche Strahlen und Fleckchen.

Knalliges Pink ist keine einfache Farbe. Eine Winter-Frau kann sie nicht nur tragen, sondern braucht einen solchen Schocker manchmal sogar. Frauen mit Modemut mixen dazu noch andere Knallfarben.

Die idealen Farben für den Winter-Typ

Am schönsten ist eine Winter-Frau in kühlen, aber kräftigen, intensiven Farben. Die sanften Töne passen nicht zu ihr. Sie braucht klare Kontraste und kompromißlose Nuancen.

Die pudrig verwaschenen Pastelltöne des Sommers sehen an einer Winter-Frau langweilig aus. Um im Bild der Jahreszeiten zu bleiben: Stellen Sie sich vor, Sie machen einen langen Spaziergang an einem eiskalten, klaren und sonnigen Wintertag. Sehr viele Farben werden Ihnen da nicht begegnen, aber alles, was Sie sehen, ist leuchtend klar.

Der Schnee hat eine reinweiße Decke über das Land gezogen, die bei Sonnenlicht sogar in den Augen schmerzt. Der Himmel ist von einem kalten, aber intensiven Blau, das Sonnenlicht nicht warmgelb wie im Frühling, sondern kühl und stechend. Die Bäume haben ihr Laub verloren und zeichnen sich schwarz vor dem Himmel ab. Der zugefrorene See schimmert eisiggrün.

Winter-Frauen können als einzige laute, sogar grelle Töne tragen, ohne unharmonisch oder overdressed zu wirken. Ja, sie brauchen die klaren Kontraste sogar, damit ihre Schönheit voll zur Geltung kommt. Warme Farben wie ein sattes Tomatenrot, ein Sonnengelb oder ein Apfelgrün machen eine Winter-Frau lediglich blaß. Orange, Gold, Korallenrot, Pfirsichrosa oder Maisgelb – lauter Farben, die einem Winter-Typ nicht stehen.

Viele Frauen empfinden übrigens die Winter-Farben als besonders schön und anziehend. Ganz klar: Dies sind Farben, die keinen kaltlassen.

Doch während sie Frühlings-, Sommer- und Herbst-Frauen in ein unvorteilhaftes Licht rücken, bringen sie die Schönheit des Winter-Typs erst richtig raus.

Das sind Ihre Farben:

Schwarz *Diese Farbe ist für Sie erfunden worden! In schwarzen Sachen sehen Sie ungemein attraktiv aus. Wenn Sie möchten, können Sie von morgens bis abends Schwarz tragen. Es ist der ideale Rahmen für Ihre Schönheit.*

Weiß *Auch diese Farbe ist exklusiv den Winter-Frauen vorbehalten. Ein schneeiges Weiß, das alle anderen Frauen blaß macht, steht Ihnen ausgezeichnet.*

Rot *Ein intensives, klares Rot sieht an einer Winter-Frau besonders schön aus. Es sollte unverfälscht und dunkel sein, auf keinen Fall Rostrot oder ein Rot, das schon ins Orange geht. Weinrot steht einer Winter-Frau ebenso wie Purpurrot oder Scharlachrot, aber auch das Rot der Azaleen. Geranienrot ist nicht ganz so geeignet, es hat einen gelblichen Unterton. Auch ein Rotbraun ist für den Winter-Typ unvorteilhaft.*

Pink *Am besten ganz knallig und laut. Ein gedämpftes Pink, das leicht verwaschen wirkt, steht einer Sommer-Frau besser. Die Winter-Frauen brauchen zwar auch kühle, aber leuchtende Farben.*

Blau *Die Winter-Frau ist der klassische Typ für Marineblau. Aber auch Königsblau, Tintenblau, das Blau des Ozeans oder Enzianblau sind ideale Farben für sie. Jeansblau steht eher einer Sommer-Frau, für den Winter-Typ ist diese Farbe schon zu pudrig. Schön dagegen ist ein tiefes Nachtblau.*

Violett *Denken Sie an dunkle Bougainvilleas, an lila Clematis, an Lupinen oder ganz dunkel blühenden Flieder. Ein intensives Violett steht Winter-Typen besonders gut. Die Palette reicht von Zyklam über Lila bis zu einem reinen Violett.*

Grün *Probieren Sie mal ein sattes Jadegrün. Sie werden sicher blendend darin aussehen. Jadegrün hat einen leicht bläulichen Unterton und ist damit eine ideale Farbe für den Winter-Typ. Wenn Ihnen Jadegrün zu dunkel ist – auch Smaragdgrün, Eisgrün, sogar ein reines Grün stehen einer Winter-Frau.*

Gelb *Keine ideale Farbe für Winter-Frauen. Die meisten Gelbtöne sind warm und golden, kommen also für eine Winter-Frau nicht in Frage. Auch ein sonniges Gelb, Maisgelb und Narzissengelb gehören nicht in die Farbpalette des Winters. Schön (und als einziger Gelbton überhaupt möglich) ist ein leuchtendes Zitronengelb.*

Braun *Nur wenn das Braun fast schwarz ist, kommt es für eine Winter-Frau in Frage. Alle anderen Brauntöne bis hin zu Hellbraun und Beige stehen den Winter-Typen überhaupt nicht.*

Grau *Vorsicht bei dieser Farbe. Achten Sie auf ein unverfälschtes, klares Grau – von Hellgrau bis Anthrazit –, dann können Sie es tragen. Mischtöne wie Graublau sind ungeeignet.*

Orange *Die Antifarbe für alle Winter-Frauen. Sie sehen darin müde, abgespannt und fad aus.*

Schwarz ist die ideale Farbe aller Winter-Frauen. Sie sehen in Schwarz immer edel, ein bißchen unterkühlt, aber selbstbewußt aus.

Farbtest: So finden Sie Ihre Winter-Palette

Sie kennen jetzt die charakteristischen Merkmale einer Winter-Frau und ihre idealen Farben. Ob auch Sie zu den Winter-Frauen gehören, können Sie in einem Farbtest leicht herausfinden.

Besorgen Sie sich für den Farbtest nicht nur die Farben der Winter-Palette, sondern möglichst viele verschiedene Nuancen – also auch Frühlings-, Sommer- und Herbst-Farben.

Die Vorbereitung: Besorgen Sie sich Tücher, Stoffteile oder auch T-Shirts in verschiedenen Farben, die Sie um Ihren Hals drapieren können. Suchen Sie so viele Farben wie möglich zusammen – ob es sich um ein Handtuch oder um einen Blazer handelt, ist völlig egal, es geht einzig und allein um die Farbnuance.

Für den Test brauchen Sie schattenloses Licht, am besten setzen Sie sich mit einem Spiegel an ein Nordfenster. Nehmen Sie sich zum Testen genügend Zeit, und werden Sie am Anfang nicht gleich ungeduldig. Es dauert ein Weilchen, bis Sie sich an den Farben „warmgesehen" haben.

Sie sollten ein farbneutrales T-Shirt tragen oder nur einen BH, so daß die Schultern frei bleiben und die Testfarben nicht durch andere Farben beeinflußt werden. Schminken Sie sich bitte ab, und decken Sie auch mögliche Hautunreinheiten nicht extra ab. Falls Ihr Haar getönt oder gefärbt ist, binden Sie es straff nach hinten.

Die Farbpalette zeigt es ganz deutlich: Kein einziger Ton des Winters hat einen warmen Schimmer, vorherrschend ist der kalte, bläuliche Unterton.

Pink steht Ihnen gut

Der erste Schritt: Für den Fall, daß Sie ein leuchtendes Pink in Ihren Schränken gefunden haben – fangen Sie gleich mal

mit dieser Farbe an. Ein reines, unverfälschtes, knalliges Pink, ein sogenanntes Shocking Pink, müßte Ihnen eigentlich entgegenkommen. Verändern sich Ihre Augen? Wirken sie intensiver, leuchtender? Was ist mit Ihrem Teint? Haben Sie den Eindruck, daß Pink Ihre natürliche Schönheit zum Blühen bringt? Schauen Sie auf Ihren Mund. Wenn Pink Ihre Farbe ist, hat das auch Einfluß auf Ihre Lippenkonturen. Sie treten schärfer hervor, Ihr Mund wirkt erotischer.

Orange ist Ihre Antifarbe

Versuchen Sie dagegen ein warmes Rostrot oder sogar ein Orange, und lassen Sie die Farbe auf Ihr Gesicht wirken. Sieht Ihre Haut fahler aus? Wirken Ihre Augen müde? Kommen Äderchen, rote Stellen und Flecken auf Ihrer Haut stärker zum Ausdruck? Wenn Sie eine Winter-Frau sind, reagieren Sie auf Rostrot oder Orange eindeutig negativ. Da Ihnen beide Farben nicht stehen, beeinflussen sie Ihr Aussehen auf höchst unvorteilhafte Weise.

Rottöne kommen an Ihnen gut raus. Gehen Sie nicht danach, ob Ihnen eine Farbe gefällt oder nicht. Beim Farbtest geht es einzig und allein darum, wie die Farbe Sie verändert.

Scharlachrot – eine Superfarbe

Greifen Sie jetzt zu einem klaren kräftigen Rot, Scharlachrot zum Beispiel oder Weinrot. Das ist Ihre Farbe, und entsprechend positiv müßten Sie jetzt auch reagieren. Schauen Sie auf Ihre Wangenknochen. Die richtige Farbe gibt auch Ihrem Gesicht eine ideale Form.

Der Gegentest: Probieren Sie ein schönes Lachsrosa. Sehen Sie den Unterschied? Die Farbe selbst wirkt angenehm und warm, aber Sie macht Lachsrosa müde und abgespannt.
Wenn möglich, können Sie auch noch ein kühles, pudriges, pastelliges Rosa ausprobieren. Das ist zwar ein kalter Farbton, der einer Sommer-Frau geradezu ideal steht, für Sie als Winter-Frau aber vermutlich zu hell ist – es sei denn, Sie sind ein sehr zarter Winter-Typ mit einem Hang zu Pastellfarben.

Marineblau ist für Sie reserviert

Versuchen Sie jetzt die Blautöne. Legen Sie sich ein Stück nachtblauen oder auch marineblauen Stoff um Hals und Schultern. Sind Veränderungen erkennbar? Schauen Sie nicht auf die Farbe, sondern immer nur auf Ihr Gesicht. Treten kleine Schönheitsfehler zurück? Fangen Ihre Augen zu leuchten an? Beobachten Sie sich kritisch, aber geduldig. Sowohl Nachtblau als auch Marineblau gehören zu Ihren Farben – vorausgesetzt, Sie sind eine Winter-Frau.

Der nächste Schritt: Gehen Sie zu einem zarten Hellblau über – eine ideale Farbe für den Sommer-, aber eben nicht für den Winter-Typ. Der Effekt: Die Farbe ist zu hell für Sie, sie verwischt Ihre starken Seiten, nämlich den Kontrast von Teint, Haar und Augen.

Keine Angst, die Anfangsprobleme verschwinden schnell. Selbst wenn Sie bei den ersten Farben überhaupt keine Veränderungen in Ihrem Gesicht entdecken, verlieren Sie nicht die Geduld. Und achten Sie darauf, daß das Licht stimmt. An einem sonnigen Fenster bekommen Sie nicht die richtigen Ergebnisse.

Lavendel macht blaß

Möchten Sie ein Lila testen? Dann suchen Sie nach einer möglichst dunklen Nuance – das müßte Ihnen ausgezeichnet stehen. Ein helles Lavendel dagegen ist nicht Ihre Farbe. Sie macht Sie blaß und betont leider alle kleinen Schönheitsfehler.

Maigrün gehört zum Frühling

Bei den Grüntönen beginnen Sie am besten mit einem dunklen, ganz leicht bläulich unterlegten Grün – denken Sie an Tannengrün. Alle anderen Farbtypen sehen darin unattraktiv aus – Sie als Winter-Frau kommen in Tannengrün richtig gut raus.

Was gar nicht zu Ihnen paßt, ist ein sonnig-sattes Maigrün. Falls Sie ein Stück Stoff in dieser Farbe gefunden haben, sollten Sie den Beweis antreten. Überzeugt? Maigrün ist eine Farbe für Frühlings-Frauen und beim Winter-Typ völlig fehl am Platz.

Gelb ist häufig zu warm

Gelb ist keine leichte Farbe für Sie, alle warmen Töne werden Ihnen nicht stehen. Trotzdem: Probieren Sie es aus. Verändert sich Ihr Gesicht durch ein leuchtendes Sonnengelb? Oder durch ein schönes Maisgelb? Haben Sie das Gefühl, besser oder unvorteilhafter auszusehen? Die Gelbvariante, die Ihnen entgegenkommt, ist ein kühles Zitronengelb. Finden Sie nicht auch, daß diese Nuance besser zu Ihnen paßt?

Inzwischen haben Sie schon ein wenig Übung beim Testen und sehen vermutlich auf den ersten Blick, welche Farbe zu Ihnen paßt oder welche Sie älter und unschön macht. Suchen Sie aus Ihren Stoffteilen und Tüchern ein Schokoladenbraun oder ein Kakaobraun, und lassen Sie diese Farbe auf Ihr Gesicht wirken. Wie ist die Reaktion? Beobachten Sie Ihren Mund und vor allem die Lippenkonturen. Das unvorteilhafte Braun verwischt Ihre starken Seiten, mit dieser Farbe sehen Sie richtig unattraktiv aus.

Schwarz dagegen läßt Sie wieder blendend rauskommen, und das müßten Sie jetzt auch auf Anhieb erkennen. In Schwarz blühen Sie auf – und damit ist klar: Sie sind eindeutig eine Winter-Frau.

Sie sind der einzige Farbtyp, der Schwarz zu jeder Tageszeit tragen kann. Wie gut Ihnen diese Farbe steht, sehen Sie schon beim Farbtest.

Schneeweiß – ideal für den Winter

Zum Schluß noch ein Testdurchgang mit Weiß – zur allerletzten Sicherheit. Schneeweiß ist genau das richtige für Sie und läßt Sie auch ohne Make-up hervorragend aussehen.

Alle Stoffteile durchgetestet? Wenn Sie jetzt sicher sind, daß Sie eine Winter-Frau sind, werfen Sie mal einen Blick in Ihren Kleiderschrank. Viele Winter-Frauen fühlen sich nämlich zu warmen, satten Farben hingezogen und kleiden sich entsprechend ein. Geht Ihnen das auch so? Oder haben Sie intuitiv schon immer zu den richtigen Farben gegriffen? Für die Zukunft gilt jedenfalls: Es gibt keine Farbprobleme mehr beim Einkaufen, denn wir haben einen Farbpaß für Sie vorbereitet, den Sie bequem mit ins Geschäft nehmen können.

Winter-Frauen: kühl und geheimnisvoll

Eine Winter-Frau, die ihre idealen Farben trägt, sieht immer nobel und edel aus. Und ganz automatisch überträgt man diese Eigenschaften auch auf ihre Persönlichkeit.

Wenn der Winter-Typ beschrieben wird, fallen immer starke Worte: elegant, dramatisch, mondän, aristokratisch, imposant, stolz, unnahbar. Dieses Spektrum trifft zwar nicht auf alle Winter-Frauen gleichermaßen zu, aber es ist was dran. Winter-Typen wirken in der Regel sehr selbstbewußt – und sie sind es auch. Sie können sich gut präsentieren – vor allem auch im Beruf – und wissen, was sie wert sind. Win-

ter-Frauen machen einen distanzierten Eindruck, sie strahlen nicht die Natürlichkeit des Frühlings, die Sanftheit des Sommers oder die Wärme des Herbstes aus. Von ihnen geht eine kühle Zurückhaltung aus, die sie andererseits gerade anziehend macht. Eine Winter-Frau wirkt nobel und keinesfalls verspielt.

Diplomatisch und reserviert – so managt die Winter-Frau ihren Alltag. Ihr großes Plus: ihre Stabilität und ihre natürliche Autorität. Viele Winter-Frauen sind außerordentlich ehrgeizig – und erfolgreich. Sie ziehen die Blicke und die Aufmerksamkeit auf sich und vermitteln ihren Mitmenschen das Gefühl, daß sie alles unter Kontrolle haben.

Winter-Frauen haben eine starke erotische Ausstrahlung, gepaart mit einer abweisenden Unnahbarkeit. Das macht sie geheimnisvoll, verführerisch und begehrenswert. Es gelingt ihnen, schon mit wenig Aufwand ausgesprochen elegant auszusehen. Im kleinen Schwarzen können sie regelrecht hofhalten – eine Kunst, die ihnen offenbar angeboren ist.

Winter-Frauen wissen, was sie wollen – und setzen das auch durch. Sie sind ehrgeizig und haben das nötige Selbstbewußtsein.

Die Winter-Frau erweckt zwar oft auf Anhieb Bewunderung, es braucht aber ein wenig Zeit, bis sie mit neuen Bekannten oder Kollegen warm wird – ein Nebeneffekt ihrer doch recht kühlen Ausstrahlung. Den großen Auftritt am Abend meistert sie immer auf gekonnt elegante Art. Sie ist schön und trotzdem kühl – wie ein Wintertag aus dem Bilderbuch.

Die richtige Mode für die Winter-Frau

Ihre Modelinie ist die Klassik. Strenge, klare Linien, edles Material und unverfälschte Farben – in diesen Sachen kommen Winter-Frauen ideal zur Geltung.

Meike ganz schlicht in Schwarz und Weiß. Ihr steht dieser harte Kontrast, ihr steht auch die schlichte, klare Modelinie. Nur Winter-Frauen kommen in Schwarz und Weiß richtig gut raus.

Es gibt Winter-Frauen, die fühlen sich ihr Leben lang zu den sanften Farben und der weichen, romantischen Linie des Sommers hingezogen. Oder aber sie greifen zu den erdigen Farben des Herbstes, lieben Rotgold und weich fallende, schwingende Stoffe. Dabei sind Winter-Frauen das ideale Model für eine klare, pure Designermode. Denken Sie an Kostüme von Jil Sander, an Anzüge von Armani, an die Mode von Sonia Bogner oder Wolfgang Joop. Edle Stücke, an denen im Grunde nichts dran ist, die gerade durch die einfache, pure Linie, durch den Verzicht auf Schnörkel und Verzierungen wirken.

Der größte Fehler, den eine Winter-Frau beim Einkaufen machen kann, ist der Griff nach romantischen, verspielten Blusen, Röcken oder Kleidern. Winter-Frauen brauchen eine gewisse Strenge, bei ihnen gilt mehr als bei allen anderen Frauen: Weniger ist besser. Eine Winter-Frau, die ihren Stil gefunden hat, wird bald feststellen, daß sie in schlicht geschnittenen Kostümen oder Hosenanzügen blendend aussieht. Das gilt übrigens auch für Kleider: Bloß nicht zu feminin-verspielten Kleidern greifen! Die strenge Linie, die ruhig damenhaft sein kann, wirkt bei Winter-Frauen mit Abstand am besten.

Gut geeignet für eine Grundgarderobe sind folgende Farben:

- Schwarz
- Marineblau

- Rot
- Weiß
- Anthrazit.

Sehr hellen Winter-Frauen steht oft die etwas hellere Nuance von Rot, Blau und Grau besser. Wichtig ist, daß auch die hellen Töne wirklich unverfälscht und klar sind.

Zum Aufhellen und Mixen der Grundfarben haben Sie eine reichhaltige Wahl – schauen Sie sich die Farbnuancen auf Ihrer Farbkarte einmal genauer an, dann sehen Sie, wie viele Farben Sie als Winter-Frau tragen können. Beispielsweise bieten sich an:

- Ein knalliges Pink
- Ein dunkles Zyklam
- Ein Smaragdgrün.

Grosses Foto: Ein tolles Kleid zum Ausgehen und für alle festlichen Gelegenheiten. Das klare, intensive Scharlachrot fällt auf und unterstreicht Meikes Schneewittchen-Schönheit.
Kleines Foto: Edel und schlicht. Der schwarze Anzug ist ideal fürs Büro und alle Business-Kontakte.

Was Sie in Ihrer Freizeit tragen können

Die klare, pure Modelinie darf eine Winter-Frau auch beibehalten, wenn es lässig zugehen soll. Hier kommt es ganz auf Ihr Talent beim Farbenmixen an. Sie sehen beispielsweise in weißen Jeans, kombiniert mit marineblauem oder rotem Pullover, toll aus. Überhaupt ist der Marine-Look ideal für die Winter-Frau. Weiß-Blau-Rot: eine Farbkombination, die ihr von allen Farbtypen am besten steht.

Auf verspielte Details sollten Winter-Frauen selbst in der Freizeit verzichten. Auch betont sportlich sollten sie sich nicht unbedingt geben. Schön sind klassische Sachen: schlichte Anoraks, Blazer, einfache Leinenkleider, die gerade durch den puren Stil um so raffinierter wirken.

Wer nicht das nötige Kleingeld für die zwar edlen, aber leider sündteuren Designersachen hat – es gibt auch in günstigen Läden oder sogar Secondhand schöne, schlichte Mode.

Das können Sie gut im Büro tragen

Der Busineß-Look einer Winter-Frau besteht aus streng geschnittenen Kostümen, aus schmalen Röcken und klassischen Blazern in den Farben Schwarz und Dunkelblau. Das unterstreicht ihre kompetente, selbstbewußte Erscheinung und gibt ihr die nötige Distanz, auf die es im Job oft ankommt. Wem die pure Designerlinie in dunklen Farben zu

fad ist, kann mit Knallfarben arbeiten und erstaunliche Effekte erzielen. Eine pinkfarbene Bluse bringt den nötigen Kontrast zum schwarzen Hosenanzug, ein leuchtendes Königsblau peppt das zurückhaltende dunkelblaue Kostüm auf.
Übrigens: Weiße Blusen stehen Winter-Frauen ganz hervorragend. Während andere Farbtypen in einer schneeweißen Bluse Gefahr laufen, blaß und überarbeitet zu wirken, blühen Winter-Frauen darin richtig auf.

Das können Sie abends tragen

Im Grunde haben Winter-Frauen die geringsten Modeprobleme. Die meisten Designer entwerfen schlichte, schwarze Sachen. Und die stehen nun mal der Winter-Frau am besten.

Den großen Auftritt darf eine Winter-Frau ganz dramatisch und sogar mondän gestalten. Ein schwarzes, tief dekolletiertes Abendkleid oder ein raffinierter schwarzer Anzug sieht an ihr toll aus. Auch ein strenger Abendanzug im Smoking-Stil steht einer Winter-Frau ausgezeichnet. Elegant und auffälliger als Schwarz ist eine Abendrobe in Scharlachrot. Eine gewagte Farbe, aber Winter-Frauen können sich das leisten. Selbst Schneeweiß ist für den Abend möglich.
Wichtig ist, daß das Kleid durch die Farbe wirkt und in der Machart zurückhaltend bleibt. Dicke Schleifen, breite Rüschen sehen bei einer Winter-Frau albern aus. Auch am Abend darf

der Schnitt streng, das Material dagegen muß um so edler sein.

Muster für die Winter-Frau

Blumen und sanfte Aquarellmuster stehen zwar der Sommer-, aber nicht der Winter-Frau. Sie braucht auch hier Kontraste.

Breite Blockstreifen, große Tupfen, geometrische Muster – das paßt zu einer Winter-Frau. Kontraste im Muster und in der Farbe sind ideal, also Streifen in Schwarz und Weiß, in Blau und Weiß, in Jadegrün und Weiß. Dicke schwarze Tupfen auf weißem Untergrund stehen nur der Winter-Frau, dasselbe gilt für ganz strenge geometrische Schwarz-Weiß-Muster.

Blümchen- oder Pünktchenmuster verfälschen dagegen ihren Look. Eine Winter-Frau braucht die eisige Kühle, um sich richtig gut in Szene zu setzen. Ihr stehen auch glänzende schwarze Lackleder oder – noch besser – ein ganz strenges Styling in pechschwarzem Leder.

Sie braucht pure Muster und Stoffe, nichts Verwaschenes, nichts Liebliches. Schön sind Seide, Leinen, Leder und Kaschmir.

Ähnlich wie die Frühlings-Frau sieht auch eine Winter-Frau in unifarbenen Sachen schon umwerfend gut aus und braucht eigentlich gar keine Muster. Wem uni zu einseitig ist: Nur klare Muster wählen.

Das richtige Make-up für den Winter-Typ

Oberste Devise beim Make-up: Eine Winter-Frau braucht kräftige Kontraste, darf aber auf keinen Fall zuviel Farbe benutzen.

Winter-Typen dürfen sich trauen: Ihr Make-up kann ruhig aus starken Farben zusammengestellt sein. Sie wirken dennoch nicht überschminkt. Vorausgesetzt, es sind die richtigen Farben.

So wie die Sommer-Frauen braucht auch der Winter-Typ leicht blaustichige Make-up-Farben. Gelblich oder orangerot unterlegte Töne stehen einer Winter-Frau nicht. Sie geben ihr einen kränklich gelben Teint. Ihre kühle Schönheit kommt durch kräftige Töne am besten zur Geltung. Sie braucht nicht viele, aber dafür ein paar starke Farben. Betont werden die Augen und der Mund. Solange die Nuance stimmt, kann der Ton ruhig knallig sein – eine Winter-Frau braucht keine Angst zu haben, angemalt zu wirken.

Eine Schneewittchen-Frau soll und darf ihre natürlichen Kontraste durch ihr Make-up untermalen und verstärken. Aber: Die Farbnuancen müssen exakt stimmen, und die Farbe darf nicht an den falschen Stellen aufgetragen werden. Also: Den Teint künstlich nachzudunkeln ist Unsinn – Winter-Frauen faszinieren ja gerade durch ihre helle Haut. Auch die Wangen dürfen Winter-Frauen getrost vernachlässigen. Zuviel Rouge steht ihnen nicht. Winter-Frauen können sich auf Mund und Augen konzentrieren und hier mit Farbe geschickt ihre natürlichen Kontraste herausstellen. Übrigens: Je kräftiger der Lippenstift ausfällt und je intensiver der Mund betont wird, desto zurückhaltender sollte das Augen-Make-up sein. Umgekehrt gilt das gleiche.
Sobald sich eine Winter-Frau mit den Farben des Sommers oder des Herbstes schminkt (letzteres passiert vor allem den Winter-Typen mit dunkler, fast olivfarbener Haut immer

rosses Foto:
eike ist in den typi-
chen Farben des Win-
ers geschminkt – eine
elle Grundierung,
n dunkelroter Mund,
er das Gesicht domi-
iert, ein kühles
ugen-Make-up.
leines Foto:
assend zur rot-
chwarzen Mode ein
ook, der auffällt,
ber trotzdem seriös
irkt.

wieder), ist die hinreißende Wirkung ihrer starken Kontraste mit einem Schlag dahin. Die kühlen, aber zu zarten Farben des Sommers sehen beim Winter-Typ langweilig aus, die warmen Herbst-Farben vermitteln ein geradezu verhuschtes Aussehen.

Grundierung: auf keinen Fall beigegelblich

Wenn Sie einen leicht rosa getönten Teint haben, brauchen Sie wie die Sommer-Frau auch eine rosagetönte Grundierung. Achten Sie beim Kauf immer auf einen kühlen Grundierungston; sobald Sie in die Palette der warmen Farbtöne rutschen, wirkt Ihr Make-up unnatürlich und auffällig. Die Grundierung soll an der Kinnlinie unmerklich in den natürlichen Hautton übergehen – mit der falschen Grundierung kann das nicht gelingen.

Winter-Frauen mit sehr heller, blasser Haut brauchen eine beigefarbene Grundierung. Aber: Auch hier unbedingt darauf achten, daß das Beige keinen Stich ins Gelbliche hat. Dasselbe gilt für Winter-Frauen mit olivgetönter Haut. Sie müssen ebenfalls alle Grundierungen, die auf Gelb basieren, meiden.

Im Grunde kommen Winter-Frauen mit ganz wenigen Make-up-Utensilien aus. Sie brauchen eine Grundierung, ein oder zwei tolle Lippenstifte, Lidschatten, Mascara und Kajal.

Achten Sie beim Kauf der Grundierung darauf, daß sie sich leicht auftragen läßt. Winter-Frauen sollten wirklich nur eine ganz zarte flüssige Grundierung wählen. Dicke Pasten, zähe Cremes kommen nicht in Frage. Es gibt Grundierung auch als Schaum. Diese leichte, luftige Grundierung läßt sich kinderleicht auftragen, zieht gut ein und tönt nur eine Spur.

Rouge: von Rosa bis Pink

Vielen Winter-Frauen steht ein helles Pink als Wangenrouge, schön ist aber auch ein etwas zurückhaltenderes Rosa. Ebenfalls möglich: ein Weinrot. Seien Sie mit Rouge eher zurückhaltend, als Winter-Frau brauchen Sie davon nur wenig. Braune Rougetöne sind für Sie nicht geeignet.

Falls Sie sich bislang lieber mit warmen Farben geschminkt haben und sich eigentlich auch recht attraktiv fanden – probieren Sie die kühlen Farben des Winters, und Sie werden überrascht sein, wie Sie sich verändern.

Augen-Make-up: von Mauve bis Nachtblau

Winter-Frauen dürfen ruhig zu dunklen Farben greifen. Und: Ihnen steht es, wenn die Augen dramatisch betont werden. Beim Lidschatten kommen klare, kühle Farben in Frage, zum Beispiel Anthrazit, Mauve, Nachtblau, ein dunkles Grün, ebenso Pflaumenblau, ein schöner Malventon oder Petrol. Zu braunen Augen paßt ein Pflaumenton, zu blauen Petrol, zu grünen beispielsweise Malve.

Alle Winter-Frauen können als Lidschatten beispielsweise ein helles Pink tragen – egal, ob sie blaue, grüne oder braune Augen haben. Dasselbe gilt für ein kühles Grau, für einen schönen Malventon oder ein zartes Violett. Winter-Frauen mit blauen Augen steht außerdem ein ganz kaltes, aber ruhig intensives Blau, ein bißchen helles Gelb oder sogar Silber. Grünäugige Winter-Typen können zwischen Mint, Tannengrün und Petrol wählen, braunäugige zwischen einem kühlen Kakaobraun, Champagner oder Seegrün. Wenn der Lidschatten phantasievoll ausfällt, sind farbige Wimpern natürlich des Guten zuviel.

Spielen erlaubt: Sie können mit Konturenstiften, Kajal oder Lidstrich experimentieren. Oberstes Gebot: Sie sollten in Ihrer Farbpalette bleiben.

Die Wimperntusche darf tiefschwarz sein oder auch schwarzbraun. Abends, zu einem mondänen, gewagten Make-up, sehen auch falsche Wimpern toll aus. Dunkler Kajal betont die Augen auf dramatische Weise – das steht einer Winter-Frau.

Lippenstift: von Pink bis Kirschrot

Winter-Frauen dürfen beim Lippenstift ruhig zu lauten, richtig knalligen Farben greifen und ihren Mund intensiv betonen. Ihnen steht zum Beispiel ein grelles Pink genauso wie ein sattes, klares Rot. Schön ist auch ein dunkles Violett, selbst wenn diese Farbe zunächst sehr gewagt aussieht. Bei jedem anderen Farbtyp würden die lila Lippen unvorteilhaft wirken – eine Winter-Frau sieht damit hinreißend aus. Wichtig ist, daß der Lippenstift einen kühlen Blaustich hat.

Achten Sie beim Lippenstift auch immer darauf, wie rot Ihre Lippen von Natur aus sind. Manche Winter-Frauen haben gut durchblutete Lippen und kommen daher auch mit zarteren Schattierungen (zum Beispiel ein helles Pink) aus. Wer seine Lippen zu blaß findet, aber gern den Mund betont, sollte mal einen kühlen Brombeerton ausprobieren. Das sieht toll aus.

Wer gern die Nägel lackiert: Ein kühles Pink sieht gut aus, aber auch ein Himbeerrot. Alle bräunlichen Töne passen nicht zur Erscheinung der Winter-Frau.

Die richtige Haarfarbe für den Winter-Typ

Eine Winter-Frau braucht gar nicht erst nach dem richtigen Haarton zu suchen, denn sie hat ihn schon von der Natur mitbekommen. Deshalb heißt die Devise: Finger weg von den Farbtöpfen.

Winter-Frauen stehen sportliche Kurzhaarschnitte. Abends oder wenn es ein bißchen peppiger sein soll, bringt Gel Schwung ins Haar.

Eine Winter-Frau mit blauschwarzen Haaren sollte ihre von Natur aus beneidenswerte Haarfarbe auf keinen Fall verändern: weder durch eine andere Farbe noch durch Tönung, noch durch Strähnchen und erst recht nicht mit Hilfe von Henna.
Die Haare rötlich zu tönen oder gar zu färben wäre für alle kühlen, blaubasierten Winter-Frauen ein Riesenfehler. Die ganze Wirkung einer Winter-Frau, ihre schneewittchenhafte Schönheit, wird dadurch mit einem Schlag zerstört. Es macht auch wenig Sinn, blauschwarze oder auch ganz dunkelbraune Haare aufzuhellen. Denken Sie daran, daß viele Frauen Sie um Ihre dunklen Haare beneiden, und stehen Sie zu Ihrer natürlichen Haarfarbe.

Meikes pechschwarzes Haar braucht keine Aufheller und vor allem keine rötlichen oder blonden Strähnchen. Die dunklen Haare sind ein Teil ihrer natürlichen kontrastreichen Schönheit.

Manche Winter-Frauen lassen sich vom Friseur zu hellen oder rötlichen Strähnchen überreden. Bleiben Sie Ihrer Haarfarbe treu. Strähnchen bringen nichts. Wer partout Farbe in sein Haar bringen möchte, der kann höchstens blaustichige Töne ausprobieren, also zum Beispiel ein stark bläuliches Rot oder einen Aubergineton.

Bei der Wahl der Frisur darf eine Winter-Frau ruhig ihrem Hang zur Extravaganz folgen. Eine romantische Frisur mit vielen Locken paßt oft nicht zu ihr, dafür aber ein raffinierter Kurzhaarschnitt, der mit Gel in Form gebracht wird.

Schmuck und Accessoires

Schuhe, Taschen, Hüte, Schmuck – Winter-Frauen kommen auch bei der Wahl ihrer Accessoires mit wenigen klaren Farben aus.

Paßt gut zu eisigen Winter-Frauen: Armbänder, Ketten, Ringe und Ohrklunker aus durchsichtigem Plastik.

Fangen wir mit dem Schmuck an: Winter-Frauen brauchen eisklaren Schmuck, zum Beispiel aus Silber, aus Platin, aus Weißgold. Toll sind natürlich Diamanten, sie sind für eine Winter-Frau wie geschaffen. Der Haken an der Sache: Normalerweise kann man sie sich nicht leisten. Aber sie müssen nicht echt sein. Selbst Straß sieht super aus. Auch Perlen schmeicheln dem Winter-Typ, aber sie sollten weiß und nicht rosa schimmern.

Wer gern mit Modeschmuck spielt: Plastikkreationen, die aussehen wie Eiskristalle, stehen den Winter-Frauen hervorragend. Verzichten Sie beim Modeschmuck auf allzu verspielte Dinge. Dazu gehören beispielsweise exotische Vögel aus Holz (als Ohrgehänge), afrikanische Ketten aus Muscheln oder türkisfarbener Indianerschmuck. An einer Herbst-Frau sieht üppiger, sogar überladener Schmuck wunderbar aus, bei einer Winter-Frau zerstört das den kühlen, edlen Look.

Wenn Schuhe mal nicht dezent schwarz oder marine sein sollen – klare Farben wie Türkis und Königsblau bringen Schwung in die Mode.

Eine Winter-Frau braucht übrigens nicht viel Schmuck, dicke Klunker entpuppen sich bei ihr als Fehlinvestition. Einige wenige edle Stücke schmeicheln ihr wesentlich mehr.

Für Taschen, Schuhe und Tücher gilt: Sich auf ein paar Grundfarben konzentrieren (Schwarz, Marineblau, Rot, Weiß) und alle faden, verwaschenen Farbtöne meiden. Braune Schuhe brauchen Sie als Winter-Frau nicht. Sie passen nicht zu den Farben Ihrer Garderobe.

Schön sind übrigens silberfarbene Schuhe (auch zu Jeans). Sollten Sie sich bereits goldfarbene gekauft haben (die ja überhaupt nicht in Ihre Palette gehören), ist das nicht weiter schlimm. Schuhfarben haben auf Ihr Gesicht keinen Einfluß, sie beeinflussen allenfalls den Gesamteindruck Ihrer Garderobe. Zur perfekt zusammengestellten Mode in Winter-Farben passen sie allerdings wirklich nicht.

Dasselbe gilt für Handtaschen. Sie brauchen quasi als Grundausstattung lediglich eine schwarze und/oder eine dunkelblaue Tasche, für festliche Gelegenheiten sieht ein silberfarbenes Abendtäschchen hübsch aus.

Modemutige Winter-Frauen sollten ruhig öfter einen Hut tragen. Schwarze oder auch rote (aber keine braunen) Hüte stehen ihnen und unterstreichen den persönlichen Stil.

Die richtige Brille für den Winter-Typ

Solange die Nuance stimmt, darf die Winter-Frau mit Farben spielen – und damit Modemut beweisen.

Meike mit einer schwarzen Brille, ganz kompetente Geschäftsfrau. Was an anderen Frauen zu schwer und zu dunkel wirkt – Meike kann es tragen.

Ihr steht sogar eine schwarze Brille – bei allen anderen Farbtypen undenkbar. Bei der Wahl ihrer Brille kann eine Winter-Frau getrost auf Kontraste setzen, denn genau das sieht bei ihr am besten aus. Sie braucht keine transparenten Töne, sondern kann, was die Farbe angeht, ins volle greifen. Dunkelrot, Jadegrün, Königsblau, Violett – an einer Winter-Frau sehen diese Farben einfach phantastisch aus.

Sie finden dunkle Brillengestelle viel zu dominant? Vermutlich haben Sie eine solche Brille an einem Sommer- oder Herbst-Typ gesehen. Bei beiden wirkt eine schwarze Brille tatsächlich wie ein Fremdkörper und überhaupt nicht schick. Noch intensiver ist die Wirkung bei einer Frühlings-Frau. Ihre fragile Erscheinung bildet mit einer dunklen Brille einen krassen Gegensatz. Sie als Winter-Frau brauchen davor keine Angst zu haben. Gehen Sie einfach mal zum Optiker, und probieren Sie ein schwarzes, königsblaues oder rotes Gestell aus.

Auch zweifarbige oder gemusterte Brillen kommen ihr entgegen. Rot/Schwarz, Blau/Schwarz, Schwarz und Violett, das paßt zusammen. Ein warmes Braun dagegen steht der Winter-Frau nicht. Probieren Sie es beim Optiker aus, Sie werden den Unterschied auf Anhieb sehen. Auch die hellen, kühlen Töne des Sommers sind nichts für den Winter-Typ, dasselbe gilt für alle klaren, jungen Farben, die dem Frühlings-Typ so gut stehen. Wenn Sie statt eines farbigen Gestells lieber eine Metallbrille suchen, konzentrieren Sie sich auf silberfarbene Fassungen.

Die rote Brille wirkt modischer, pfiffiger, jugendlicher. Für den täglichen Gebrauch zu knallig und zu auffällig? Es kommt ganz darauf an, wie Sie sich als Typ präsentieren, ob modemutig oder streng und klassisch. Im letzten Fall steht Ihnen die Brille auf dem unteren Foto besser.

Der richtige Duft für den Winter-Typ

Da der Winter-Typ eine dramatische, geheimnisvolle, erotische Ausstrahlung hat, darf auch das Parfüm exotisch sein – und natürlich intensiv-sinnlich.

Kühl, distanziert, unnahbar – so läßt sich die Winter-Frau charakterisieren. Sie braucht einen Duft, der die Kälte mildert, aber kein Geheimnis preisgibt. Ideal sind Düfte, die Ambra und Moschus enthalten, auch Patschuli und Sandelholz.
Die Parfüms der Winter-Frau haben einen sogenannten orientalischen Charakter. Ein Teil aus dieser Duftfamilie (allerdings dann in etwas anderer Zusammensetzung) paßt übrigens auch zur Herbst-Frau. Beiden gemeinsam ist die

erotisch-weibliche Ausstrahlung; doch während die Herbst-Frau Wärme vermittelt, strahlt die Winter-Frau kühle Distanz aus. Ihr Parfüm ist deshalb nicht so üppig und voll, auf keinen Fall süßlich, sondern eher fruchtig.

Ein ganz eindeutiger Winter-Duft ist zum Beispiel „Obsession" von Calvin Klein oder „Paloma" von Paloma Picasso. „Aromatics Elixir" von Linique paßt zu einer Winter-Frau ebenso wie „Must de Cartier" von Cartier. Toll für Winter-Frauen ist „Armani", ein Parfüm des italienischen Stardesigners Giorgio Armani. Oder auch die Düfte der deutschen Designerin Jil Sander, deren Mode ideal zur Winter-Frau paßt.

Meiden sollten Sie alle jugendlich frischen Düfte des Frühlings, zum Beispiel „L'Air du Temps" von Nina Ricci. An einer Winter-Frau wirkt es nichtssagend, an einer Frühlings-Frau umwerfend.

Winter-Düfte haben in der Regel eine ganz dunkle, satte Farbe. Sie sehen orientalisch aus – und so duften Sie auch.

Frühling:

Seine Farben sind leicht, hell und klar – wie ein Blumengarten im Mai, in dem sich die ersten Knospen öffnen.

Herbst:

Seine Farben sind erdig, üppig und leuchtend – wie ein Wald im Oktober, wenn sich das Laub bunt färbt.

ɔMMER:

*:INE FARBEN SIND ZART,
RWASCHEN UND PUDRIG
VIE EINE WIESE IM
UGUST, WENN DIE SON-
ALLE FARBEN AUS-
EICHT.*

NTER:

*:INE FARBEN SIND KALT,
SIG UND KONTRASTREICH
VIE EINE SCHNEELAND-
HAFT IM DEZEMBER, DIE
DER SONNE GLITZERT.*

Kurz vor Schluß

Noch Fragen? Hier finden Sie die Antworten. Für alle, die noch mehr wissen möchten, haben wir weitere Tips und Infos zusammengestellt.

Kann es passieren, daß man einem falschen Farbtyp zugeordnet wird?
Ja, das kommt immer wieder mal vor. Selbst professionelle Farbberaterinnen sind da nicht unfehlbar. Zum Teil liegt es daran, daß manche Frauen wirklich schwer zuzuordnen sind, zum Teil aber auch an einer falschen Farbberatung. Möglich, daß Sie bei einer Farbberaterin als Winter-, bei der nächsten als Herbst-Typ eingeordnet werden. Ein Trost für Sie: Nur eine kann recht haben, denn man kann logischerweise immer nur einen Farbtyp verkörpern.

Was ist die Konsequenz, wenn man in eine falsch Farbpalette geraten ist?
Zunächst einmal – Sie konzentrieren sich dann auf Farben, die nicht zu Ihnen passen, entweder weil die Farbberaterin Sie nicht sorgfältig getestet hat oder weil Sie selbst ein falsches Ergebnis beim Farbtest herausgearbeitet haben. Vermutlich werden Sie jedoch intuitiv spüren, daß irgend etwas nicht stimmt. Sie fühlen sich in den Farben, die angeblich optimal zu Ihnen passen sollen, nicht so ganz wohl, Sie haben den Eindruck, daß Sie nicht so attraktiv in den Farben rauskommen, wie Sie eigentlich sollten. In diesem Fall gibt es nur eins: Sie müssen den Farbtest wiederholen. Sprechen Sie mit Ihrer Farbberaterin, sagen Sie ihr, daß Sie das Gefühl haben, falsch eingeordnet worden zu sein. Eine kulante Farbberaterin wird Ihre Unsicherheit ernst nehmen und mit Ihnen zusammen das Ergebnis überdenken. Falls Sie den Farbtest allein (zum Beispiel mit Hilfe dieses Bu-

ches) gemacht haben: Fangen Sie in Ruhe noch einmal von vorn an. Wiederholen Sie alle wichtigen Schritte des Farbtests, und bitten Sie unter Umständen eine Freundin, Ihnen zu helfen, wenn Sie allein nicht weiterkommen. Ein kleiner Trick, der Ihnen zeigt, ob Sie wirklich in die falsche Palette gerutscht sind: Tragen Sie einmal ausschließlich Farben (und zwar ruhig auffällige Farben) der einen Palette, dann nur Farben der anderen – meist erkennen Sie an den spontanen positiven Reaktionen Ihrer Umgebung, was Ihnen besser steht.

Ist es möglich, daß eine Frau zwei Farbtypen verkörpert und sich deshalb so schwer einordnen läßt?
Nein. Jeder kann nur einem Farbtyp zugeordnet werden und sieht daher auch mit den Farben seiner Jahreszeit am besten aus. Nur diese Palette paßt optimal zu dem natürlichen Kolorit von Haut, Augen und Haar.

Können sich die persönlichen Farben ändern, wenn man älter wird?
Nein. Man wird sozusagen als Frühling, Sommer, Herbst oder Winter geboren. Und diese Zuordnung ändert sich im Lauf des Lebens auch nicht mehr. Was sich mit den Jahren von selbst färbt, sind die Haare. Viele Menschen sind als Kind blond, als Erwachsener dunkel und später dann grau. Das hat jedoch keinen Einfluß auf die Jahreszeit, die sie verkörpern.

Frühlingsfrauen brauchen frische Farben, Sommer-Frauen kühle Pastelltöne, Herbstfrauen satte, erdige Nuancen und Winter-Frauen kompromißlose Farben.

Gibt es Mischtypen? Menschen, die zwischen Sommer und Winter, zwischen Herbst und Frühling liegen?
Nein. Es gibt zwar Extreme, also sehr dunkle Sommer-Typen oder Herbst-Typen, die auf den ersten Blick aussehen wie ein Winter-Typ, aber sie lassen sich letztlich doch einer Jahreszeit zuordnen.

Soll man den Farbpaß zu jedem Einkauf mitnehmen?
Ja. Der Farbpaß hilft Ihnen ungemein beim Aussuchen der richtigen Nuance. Lassen Sie sich nicht von einer Verkäuferin zu einer falschen Farbe überreden. Vertrauen Sie auf Ihr Auge – schließlich haben Sie Ihren Blick jetzt geschult –,

und bleiben Sie bei den Farben Ihrer Palette. Es lohnt sich, denn auf diese Weise entgehen Sie den leidigen Fehlkäufen.

Dürfen Frühlings-, Sommer- und Herbst-Typ wirklich kein Schwarz oder Weiß mehr tragen?

Da die Suche nach den idealen Farben Spaß machen soll, gibt es keine Ge- und Verbote. Wer den Kleiderschrank voller schwarzer Sachen hat, aber nun mal eben kein Winter-Typ ist (der ja als einziger Farbtyp Schwarz und Weiß gut tragen kann), zieht selbstverständlich weiter seine Lieblingssachen an. Gut ist es allerdings, die Wirkung von Schwarz und Weiß ein bißchen zu mildern, zum Beispiel durch ein Tuch oder eine Bluse.

Unser Service für Sie

Wenn Sie Ihren Farbtyp mit Hilfe unseres Buches nicht bestimmen können oder wenn Sie sich mit Ihrer Entscheidung nicht sicher sind, dann wenden Sie sich bitte an folgende Farbberaterinnen:

München: Make-up factory, Tel.: 0 89/688 73 30
Hamburg: DIE COLLECTION, Tel.: 0 40/49 25 47
Berlin: Frau Simin, Tel.: 0 30/826 57 87
Frankfurt/M: Frau Karin Hunkel, Tel.: 0 69/789 68 68

Unter diesen Telefonnummern finden Sie Rat und Hilfe. Und das allerbeste: Dieser Rat ist kostenlos.

DER FRÜHLING

Ihre Farben sind *hell* und *klar* und trotzdem *zart* und *warm*. Gedämpft dürfen sie nicht sein, sonst erscheinen Sie müde und krank. Schwarz ist für Sie eine besonders ungeeignete Farbe.
Vorsicht bei der Wahl von dunklen Farben: Benutzen Sie immer Ihren Farbpaß, denn sehr leicht ist eine gedämpfte oder eine zu dunkle Farbe gewählt.
Ihre Farben zeichnen sich immer durch einen *warmen, hellen* Ton aus.

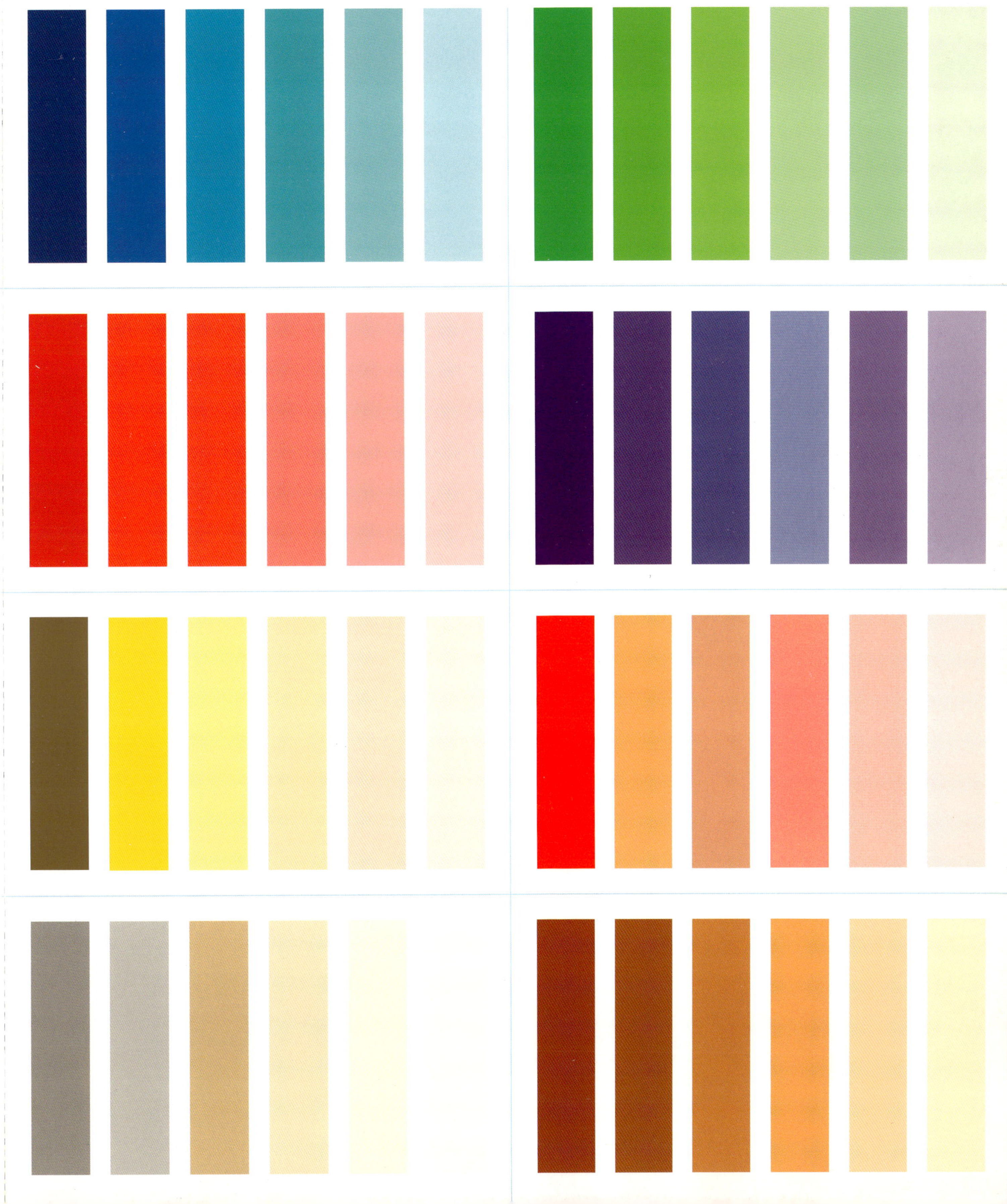

Lisa Schneider

DIE GROSSE FARB- UND TYPBERATUNG

Südwest

DER SOMMER

Ihre Farbenpalette setzt sich aus *pudrigen, pastelligen* Tönen zusammen. Ihre Farben sind mit *Rosa* und *Blau* durchsetzt.
In Ihrer Farbenpalette gibt es keine scharfen Farben.
Fließend und *leicht* müssen die Muster und Stoffe wirken.
Eine *romantische, verspielte* Machart unterstreicht Ihren Typ besonders und läßt ihn vorteilhaft erscheinen.
Gedämpft und *zurückhaltend* sind Ihre Farben, ist Ihr Stil, ist Ihre gesamte Erscheinung.

Lisa Schneider

DIE GROSSE FARB- UND TYPBERATUNG

Südwest

D E R   H E R B S T

Ihre Farben sind *intensiv warm* und *voll* in *tiefen, satten* Farben.
Satte Gelbtöne sind in Ihrem Farbpaß besonders vertreten.
Meiden Sie alle kalten sowie verwaschenen Töne. Ihre Farbengruppe hat keine grauen, blauroten oder schwarzen Töne. Ihr Stil muß *sportlich, natürlich-sinnlich* und *folkloristisch* sein.
Hervorragend kommen Ihre Farben zur Geltung, wenn sie in Mustern ausgedrückt werden.

Lisa Schneider

DIE GROSSE FARB- UND TYPBERATUNG

Südwest